身近な人の死後の手続き

相続のプロが教える最善の進め方 Q&A大全

文響社

プロローグ

山ほどある死後の手続きは死亡直後に絞れば大幅減！ 最大の関門の口座凍結もクリア！

晃宏兄さん心筋梗塞《こうそく》で倒れたんだって！
ダダッ
晃宏の弟・片桐進
片桐晃宏・62歳
ひと足遅かったわ進……たった今亡くなったの……
晃宏の姉・富田達子
危篤《きとく》状態で話もできませんでした
晃宏の妻・朋美
知らせたのも進さんと達子さんの二人だけ…
ならほかの人にはおれが連絡するよ
朋美さんは通夜やお葬式の手配相続の手続きで大変だろう…
その前に死亡届や火葬許可申請書の提出など手続きが山のようにあるわ
えーっ
山のようにある手続きってなんですか？
ドーン
何から手をつけたらいいのかしら？
だいぶお困りのようじゃの

あっ
あなたは
相続博士!
相続博士
相続博士
……?
知らないの?
法律や税金の
スペシャリストよ
神出鬼没で
相続で困っている
人がいると
助けてくれるの
長男・太郎
相続の手続きは
山のようにあるが
大きく分けて
死亡直後に行う
手続きと
葬儀後でも間に合う
手続きの2つがある
葬儀後
直後
① 死亡診断書・死体検案書の手配
② 死亡届の提出
③ 火葬許可申請書の提出
❹ 年金受給停止の手続き
⑤ 世帯主変更届の提出
⑥ 健康保険証の返却・資格喪失届の提出
❼ 介護保険証の返却・資格喪失届の提出
⑧ 通夜・告別式・納骨
まず死亡直後に
行う手続きは
このとおりじゃ
死亡直後だけで
こんなに…!
覚えられ
ないわ
62歳で亡くなった
ご主人の場合
赤字で記した
手続きは不要じゃ
病院での死亡で
まだ年金も
介護保険も受けて
ないからの
通夜・お葬式の
ことは念頭にある
ようじゃから
残りの①②③⑤⑥の
5つを忘れず
行うだけでいい
それなら
大丈夫だわ!
手続きは
山ほども
あるから
このように
整理して
考えることが
肝心じゃ!
テキ
パキ
なるほど!

夫の口座が凍結に！

で
葬儀後でも間に合う手続きは？
それはじゃな………
太郎は死亡診断書を先生からもらってきて
オレ？
お葬式の前に主人の口座からお金を下ろさなくちゃ
○○銀行
いろいろお金が出ていくからね
現在こちらの口座はお取扱いできません
えっ!!
どういうことですか？
ご本人が亡くなられたためご預金が凍結されているのです
エエーッ
お金が下ろせない!?
銀行はなんで兄さんの死を知ってるんだ？
お母さんが銀行に話した？
なわけないでしょ！
またまたお困りのようじゃ
博士！
ターン
銀行は預金者の死亡を知ると直ちに預金を凍結する
一部の相続人などに預金を引き出されることを防ぐためじゃ

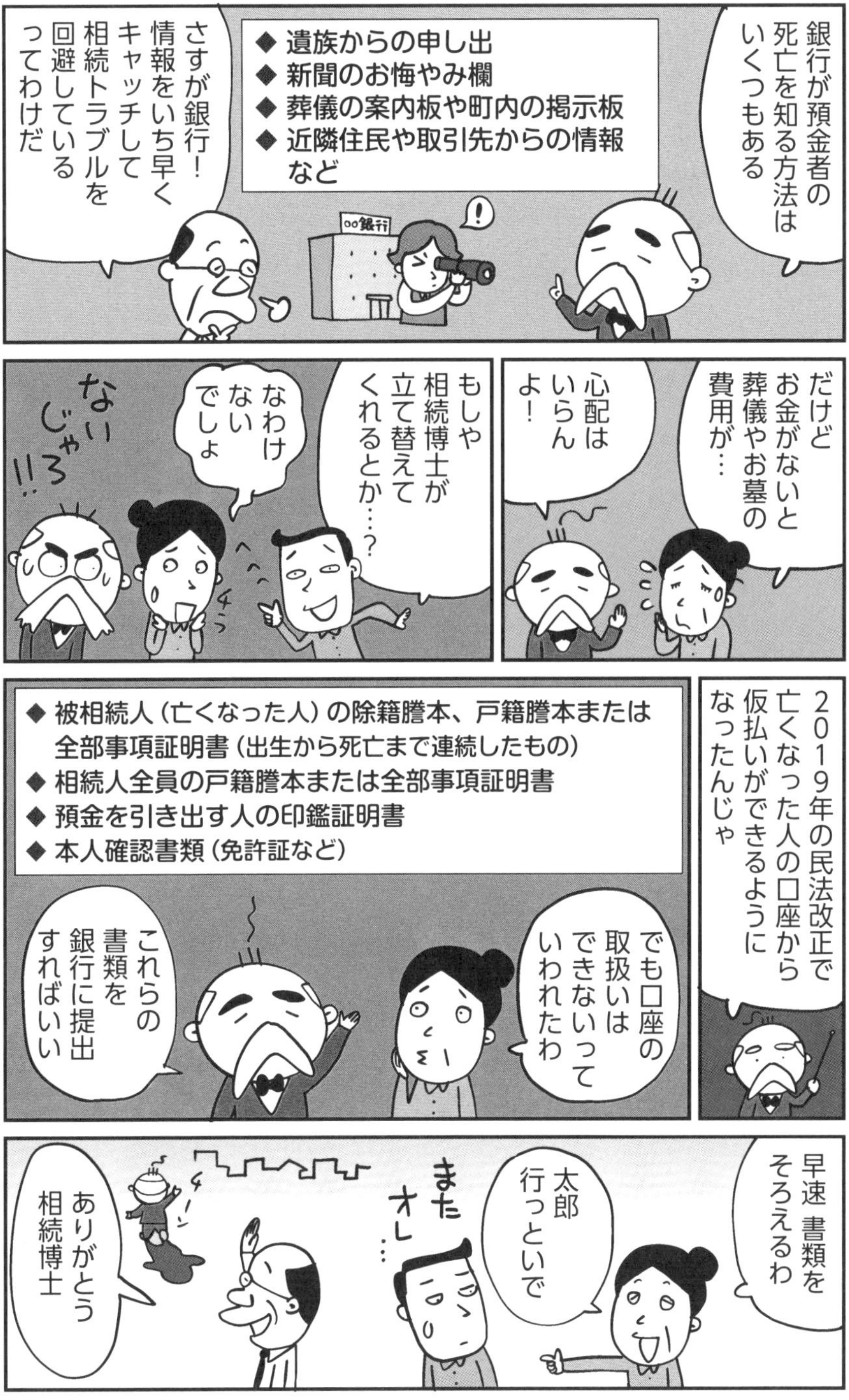

銀行が預金者の死亡を知る方法はいくつもある
◆ 遺族からの申し出
◆ 新聞のお悔やみ欄
◆ 葬儀の案内板や町内の掲示板
◆ 近隣住民や取引先からの情報
など
○○銀行
!
さすが銀行!情報をいち早くキャッチして相続トラブルを回避しているってわけだ
だけどお金がないと葬儀やお墓の費用が…
心配はいらんよ!
もしや相続博士が立て替えてくれるとか…?
なわけないでしょ
ないじゃろ!!
2019年の民法改正で亡くなった人の口座から仮払いができるようになったんじゃ
◆ 被相続人(亡くなった人)の除籍謄本、戸籍謄本または全部事項証明書(出生から死亡まで連続したもの)
◆ 相続人全員の戸籍謄本または全部事項証明書
◆ 預金を引き出す人の印鑑証明書
◆ 本人確認書類(免許証など)
でも口座の取扱いはできないっていわれたわ
これらの書類を銀行に提出すればいい
早速 書類をそろえるわ
太郎行っといで
またオレ…
ありがとう相続博士

※本書のマンガはフィクションであり、実在する人物とは一切関係ありません

巻頭図解

身近な人が亡くなったときの手続き&届け出の流れ

ひと目でわかる！

生前

生前対策▶第10章

生前贈与（相続税の負担軽減のために）

- 暦年課税▼220ジペー
- 相続時精算課税▼222ジペー
- 配偶者への自宅の贈与▼226ジペー
- 贈与税の申告▼225ジペー
- 住宅資金などの贈与▼228ジペー
- 生命保険の活用▼230ジペー

相続対策（相続を円満に進めるために）

- 遺言書の作成▼215ジペー
- 自筆証書遺言書保管制度の活用▼217ジペー
- エンディングノートの作成▼218ジペー

巻末付録
▶232～237ペジー

死亡 → 相続開始 → 7日以内 → 14日以内

親や祖父母など身近な人が死亡！

葬儀・お墓▶第2・4章

- 近親者への連絡
- 葬儀・納骨の手配
- 通夜・告別式
- 初七日
- お墓の手配
- 四十九日

届け出・手続き▶第1・3・5～7・9章

- 死亡診断書の入手
- 死亡届・火葬許可申請書の提出（7日以内）
- 金融機関への届け出
- 世帯主変更届（14日以内）
- 年金受給停止、未支給年金の請求
- 公共料金などの解約
- 国民健康保険・介護保険の届け出（14日以内）　会社員等の健康保険は5日以内
- 遺言・相続人・相続財産などの調査

※ ■ 内の期間は提出期限

税金の申告▶第3・8章

3ヵ月以内 → 4ヵ月以内 → 10ヵ月以内

葬儀・お墓▶第2・4章

納骨

届け出・手続き▶第1･3･5〜7･9章

- 相続放棄 ▼130ジペー
- 限定承認 ▼132ジペー

3ヵ月以内

- 遺産分割協議 ▼132〜138ジペー

原則10ヵ月以内

- 預貯金の解約・名義変更など ▼142〜145ジペー

原則10ヵ月以内

税金の申告▶第3・8章

- 事業継承による確定申告 ▼79ジペー

原則4ヵ月以内

- 所得税の準確定申告 ▼69ジペー

4ヵ月以内

- 相続税の申告・納税 ▼185〜194ジペー

10ヵ月以内

1年以内

時効2年・5年

随時

一周忌

三回忌

遺留分侵害額の請求
▶117ページ
1年で時効

時効2年・5年

2年で時効

◉葬祭費の申請
▶72ページ

◉埋葬料の申請
▶74ページ

◉高額療養費の申請
▶75ページ

◉高額介護サービス費の申請
▶76ページ

5年で時効

◉遺族年金の請求
▶204～206ページ

随時

◉お墓の改葬
▶93～94ページ

◉復氏届の提出
▶77～78ページ

◉姻族関係終了届の提出
▶79ページ

◉相続財産の処分
▶155～159ページ

◉相続した不動産の売却
▶160ページ

◉相続した土地の有効活用
▶161～162ページ

※図は、主な手続き・届け出の一般的な流れを表したもので、実際にはさまざまな事情で多少異なるケースが多くあります。手続き・届け出の流れを大まかにとらえる図としてご活用ください

目次

第10章　将来の相続に備える「生前対策」についての疑問14……211

第1章

[死亡直後]に行う手続きについての疑問19

山本宏税理士事務所所長
税理士 山本《やまもと》　宏《ひろし》
山本文枝税理士事務所所長
税理士 山本文枝《やまもとふみえ》

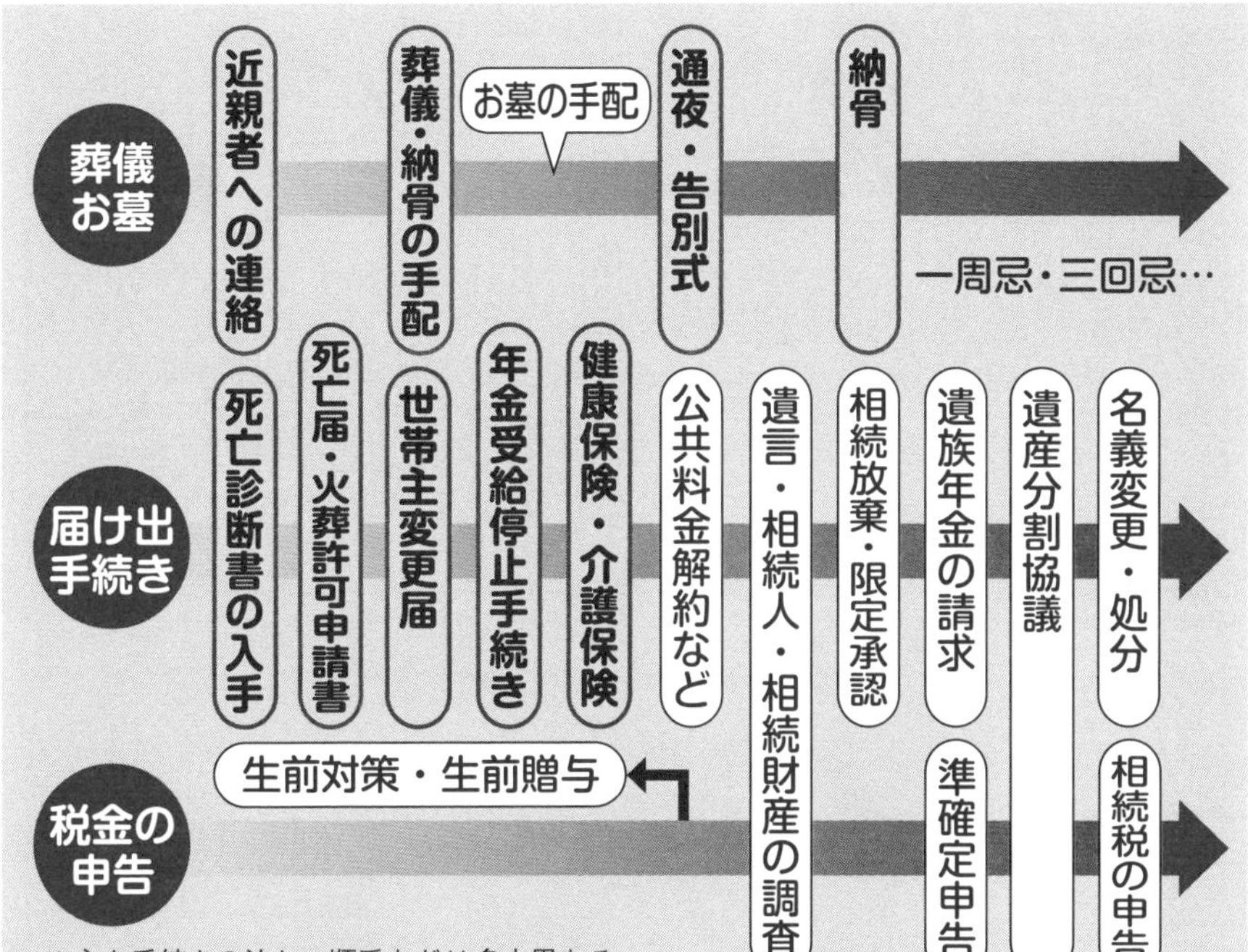

※主な手続きの流れ。順番などは多少異なる。

自宅での死亡で死体検案書が必要に！死亡届を出す前に数枚のコピーを取っておこう！

お母さん朝起きたら息をしていなかったんだって？
渡辺定子・88歳
長女・柳田庸子
うん昨夜気分が悪いって早く寝てそれっきり
長男・伸一
まさかこんなことに……
伸一の妻・恵子
運ばれた病院で死因を調べているようで……
さっきまで警察にいろいろ聞かれていたところさ
自宅での死亡だから何か疑われているのかしら
ジーッ
おどかすなよ庸子姉さん！
心配は無用じゃ
相続博士
あなたは相続博士！
早ければ半日で検視の結果は出る
それより自宅での死亡の場合死亡届と火葬許可申請書を提出するさいに死体検案書が必要になる
死体検案書？
何それ？死亡診断書なら聞いたことはあるけど……

死亡診断書と同様に死亡を証明する書類じゃ
検視した医師によって発行される
それを持って役所に死亡届を出せばいいってわけか
ただし死亡診断書や死体検案書は受け取ったら5～6通はコピーを取っておくことが大切じゃ
どうして?
この書類は次のような手続きで必要になる
◆ 年金の受給停止
◆ 健康保険・介護保険の資格喪失届
◆ 葬祭費・埋葬料の支給申請
◆ 生命保険金の請求
◆ 損害保険金の請求　など
役所では死亡診断書またはこの死体検案書の原本を提出するが
いったん提出すると原本は戻ってこない
じゃあコピーを忘れた場合は?
役所の窓口で死亡診断書などの写しをもらうことになる!しかし1通350円くらいかかるのでもったいない話じゃな
ほかに何か注意すべきことは?
定子さんの場合介護保険の資格喪失届の提出じゃな
提出期限は14日以内となっているができれば葬儀前に行うといい
なぜなら口座から保険料が引き落とされてしまうからじゃ
気をつけるよ博士

Q1 身近な人が亡くなったとき、すぐ必要になる手続きはなんですか？

1〜14日

死亡直後に必要な手続きから進める

家族などの身近な人が亡くなると市区町村役場への届け出や葬儀の手配をはじめ、被相続人（故人）が加入していた健康保険や介護保険の届け出、公共料金の変更・解約手続き、さらには遺産分割、相続税の申告・納税など、さまざまな手続きが必要になります。

こうした**「死後の手続き」は、死亡後すぐに行わなければならないものもあれば、葬儀後に落ち着いてから行えばいいものもあります。すべての手続きを葬儀前に行うのは無理なので、まずは「死亡直後に必要な手続き」を1つずつ進めていくことが肝心です。**死亡直後に必要な手続きを左ジの表にまとめたので、一つひとつチェックしながら進めていきましょう。

身近な人が亡くなると、最初に**「死亡診断書（死体検案書）」**を最低でも2部、医師から受け取ります。通常、病院で死亡した場合は死亡診断書、自宅で死亡した場合は死体検案書となります（Q6参照）。

次に、死亡診断書とセットになっている**「死亡届」**を死後7日以内に、市区町村役場に提出します（Q5参照）。そのさいに死亡診断書の原本を提出しますが、死亡診断書はさまざまな手続きで必要になるので、多めにコピーを取っておくといいでしょう。

死亡届と同時に**「火葬・埋葬許可申請書」**を提出し、**「火葬許可証」**を受け取ります。この火葬許可証を火葬場に提出し、火葬が終わると**「埋葬許可証」**を受け取り寺院などに提出しますが、これらの手続きは葬儀社に代行してもらうことができます。

最近は、新型コロナウイルスの影響で、窓口での三密（密閉・密集・密接）をさけるために、葬儀社に手続きの代行を依頼したり、郵送やインターネットで手続きを行ったりする人が増えています。このような方法での手続きが可能かどうか、できれば事前に確認しておくことをおすすめします。

死亡直後に必要な手続きチェックリスト

□ **医師から死亡診断書（自宅での死亡などの場合は死体検案書）を受け取る**

【必要書類】届出人の印鑑・身分証明証など

□ **死亡届を市区町村役場に提出する（7日以内）**

□ **火葬・埋葬許可の申請を市区町村役場で行い、火葬許可証を受け取る**

□ **国民健康保険資格喪失届を市区町村役場に提出する（14日以内）**

【必要書類】国民健康保険証、死亡届など

□ **介護保険資格喪失届を市区町村役場に提出する（14日以内）**

【必要書類】介護保険被保険者証、死亡届など

□ **国民年金・厚生年金の受給停止手続きを行う（14日以内）**
※届出先は、国民年金は市区町村役場、厚生年金は年金事務所

【必要書類】死亡届、年金証書、死亡診断書、届出人の本人確認書類

□ **世帯主変更届を市区町村役場に提出する（14日以内）**

【必要書類】届出人の本人確認書類、印鑑など

□ **銀行などの金融機関へ死亡通知を行う**

□ **生命保険会社に死亡保険金を請求する**

□ **健康保険の高額療養費の請求を行う（該当する場合のみ、2年以内）**
※届出先は、役所または加入している健康保険組合・協会けんぽ

【必要書類】健康保険証、医療費の領収書、印鑑、振込先口座番号など

□ **国民健康保険被保険者の場合、市区町村役場に葬祭費を請求（2年以内）**

【必要書類】健康保険証、葬儀費用の領収書など

□ **健康保険被保険者の場合、協会けんぽに埋葬料などを請求（2年以内）**

【必要書類】健康保険証、死亡診断書の写し、葬儀費用の領収書など

□ **国民年金加入の場合、役所に死亡一時金を請求（2年以内）**

【必要書類】故人と申請者の関係がわかる戸籍謄本、故人の住民票の除票、申請者の世帯全員の住民票・振込先口座番号など

□ **国民年金加入の場合、遺族基礎年金および寡婦年金を請求（5年以内）**

【必要書類】年金手帳、戸籍謄本、世帯全員分の住民票の写し、故人の住民票の除票、請求者・子供の収入を確認できる書類、死亡診断書のコピーなど

□ **厚生年金加入の場合、遺族厚生年金を年金事務所で請求（5年以内）**

【必要書類】年金手帳、戸籍謄本、世帯全員分の住民票の写し、故人の住民票の除票、請求者・子供の収入を確認できる書類、死亡診断書のコピーなど

Q2 父が亡くなりました。誰が手続きを行ったらいいですか?

7日以内

家族で役割を分担して進めよう

死後の手続きは、特に誰が行わなければならないという決まりはありません。**家族でよく相談して手続きを行う人を決めましょう。**

手続きも多岐にわたり、数多くの必要書類を用意しなくてはなりません。**必要書類を収集するだけでも手間と時間がかかるので、家族で役割分担をするといいでしょう。**例えば、長男が必要書類を収集し、妻が市区町村役場に直接出向いて手続きを行うなど、役割を分担すれば、それぞれの負担が軽くなります。

なお、必要書類はさまざまな手続きに使うことになるので、二度手間にならないように余裕を持って少し多めに入手することをおすすめします。

Q3 一人暮らしの叔父が死亡しました。誰が手続きを行いますか?

7日以内

親族の世代間の情報共有が大切

叔父《おじ》に限らず、一人暮らしの親戚《しんせき》が亡くなった場合には、親族で話し合って決めます。

被相続人（故人）の兄弟が高齢で健康状態もよくない場合には、甥《おい》や姪《めい》が手続きをすることもあります。

特に叔父や叔母《おば》などの場合、世代の違う甥や姪では、例えば故人の戸籍謄本を取り寄せたときに、わからないことが出てきます。**故人の兄弟が、自分たちの知っていることを甥や姪と情報共有することも大切です。**

ただし、故人が高齢で、親族がいても遠方に居住していて手続きが難しいケースも考えられます。そのような場合は、**司法書士や行政書士など、死後の事務手続きの代行を行う専門家に依頼することもできます。**

Q4 死亡直後の手続きにはお金がいくらかかりますか？

事前に準備

死亡診断書だけでも数千円が必要

被相続人（故人）の死亡直後には、多額の入院費用や葬儀費用がかかりますが、それだけではありません。死亡診断書や死後処置、遺体搬送車両、安置施設利用料、ドライアイス、棺《ひつぎ》、火葬、寺院へのお布施・戒名《かいみょう》料など、さまざまな費用がかかってきます。

死亡直後の手続きにかかる費用について、26ページ上の表にまとめました。もしものときに慌てないように、お金がいくらくらい必要なのか知っておきましょう。

市区町村役場や金融機関などでの相続手続きでは、被相続人の出生から死亡まで連続した戸籍謄本と除籍謄本、被相続人の住民票の除票、相続人全員の戸籍謄本と印鑑証明書が必要です（26ページ下の表参照）。

住民票の除票は、被相続人が転居などで本籍地を移転している場合、移転したすべての市区町村から戸籍謄本を取り寄せる必要があるので、最低でも2部は入手することをおすすめします。相続人全員の戸籍謄本や印鑑証明書もさまざまな相続手続きに必要なので、それぞれ2部ずつ取得しておくといいでしょう。

手間とお金が省ける新しい制度

2017年に「法定相続情報証明制度」が施行され、相続手続きで提出する被相続人と相続人の戸籍の束が「法定相続情報一覧図の写し」1つに集約されることになりました（くわしくはQ78参照）。

この制度では、法務局に戸籍の束を提出し、法定相続情報一覧図の写しを入手します。この写しだけで被相続人と相続人の関係がすべて証明されるため、相続手続きの手間とお金を大幅に省くことができます。

法定相続情報一覧図の写しを取得するための手続きには、費用がかかりません。相続手続きに必要な枚数を取得しておいて各窓口に提出すれば、一度に複数の手続きがスムーズにできます。

死亡直後にかかる費用一覧

- **入院していた場合は入院費用**：10万円前後（高額療養費が適用される場合。自己負担限度額は年収などにより大幅に変動）
- **死亡診断書**：3,000 ～ 5,000円（公的医療機関の場合）
  ※市区町村役場に死亡届を提出するさいに原本を提出するため、最低２部は作成を依頼するといい
- **死後処置**：１万円以内
- **遺体搬送車両**：２万円以上（距離や搬送する時間帯などにより変動）
- **安置施設利用料**：３万円以内（葬儀業者の安置施設に遺体を安置する場合）
- **ドライアイス**：5,000円～３万円（時期や必要日数により変動）
- **棺**：２万円以上（大きさや材質により変動）
- **火葬費**：3,000円～15万円（住んでいる地域などにより変動）
- **骨壺**：2,000円以上（素材と大きさにより変動）
- **お通夜・葬儀代（返礼品、接待飲食代含む）**：平均150万円（会葬者55名ほどの一般的な葬儀の場合）
- **寺院のお布施・戒名料など**：平均45万円前後（寺院や戒名により変動）
- **墓地・墓石費用**：平均286万円（地域や形態により大きく変動）
  ※一般社団法人日本消費者協会「葬儀についてのアンケート」2017年実施より

相続手続きの必要書類と、入手にかかる費用

- **被相続人の出生から死亡までの連続した戸籍謄本および除籍謄本**：各１通450円
- **被相続人の住民票の除票**：１通300円
  ※被相続人が本籍地を移転している場合には移転したすべての市区町村の戸籍謄本が必要なため、最低２部は入手するといい
- **相続人全員の戸籍謄本**：１通450円
- **相続人全員の印鑑証明書**：１通300円

Q5 「死亡届」はいつまでに提出しますか？書き方の具体例も教えてください。

7日以内にできるだけ早く提出する

「死亡届」は、死亡した日または死亡を知った日から7日以内（国内の場合）に提出しなければなりません。国外で亡くなった場合には、3ヵ月以内の提出が義務づけられています。**正当な理由なしに届出期日が過ぎると、戸籍法という法律により3万円以下の過料を徴収されるので注意しましょう。**

死亡届の用紙は市区町村の役所で取得できますが、病院に常備されている場合もあります。ホームページから印刷できる市区町村もあります。

死亡届に必要事項を記入したら、市区町村役場に提出します（役所の戸籍課で毎日24時間受け付けている）。提出先は、死亡地または本籍地、もしくは届出人の所在地の市区町村役場です。なお、海外居住者の場合は現地の大使館や領事館が扱います。

死亡届を提出する人は、①同居している親族、②同居していない親族、③親族以外の同居人、家主、地主、土地家屋の管理人となっています（数字は優先順位）。そのほか、後見人、保佐人、補助人なども届出人の対象範囲です。なお、最近は葬儀社が代行して記入・提出するケースも増えています。

死亡届の書き方については、28ページの記入例を参考にしてください。

死亡届提出時の必要書類

①死亡診断書（死体検案書）

死亡診断書（死体検案書）は、死亡届の用紙と一体になっている。なお、大規模災害などにより死亡診断書（死体検案書）が提出できない場合は、死亡届にその理由を記載し、「死亡の事実を証すべき書面」を提出することになる。

②届出人の印鑑

認印でかまわない。届出人の自筆署名があれば、押印がなくても死亡届は受理されるが、窓口で記載内容に誤りが見つかるなど修正が必要になったときには、届出人の認印を訂正印として使用することになる。

注意点 死亡届を提出するさいは「火葬・埋葬許可申請書」も同時に提出する。たいていの場合、提出した死亡届の必要事項が記載され、「火葬許可証」が交付される。

死亡届の記入例

※ボールペンなどの消えにくいインキで書く

死　亡　届

令和　▲年　1月　9日　届出

東京都千代田区 長 殿

受理 令和　年　月　日 第　号	発送 令和　年　月　日	
送付 令和　年　月　日 第　号		

書類調査	戸籍記載	記載調査	調査票	附票	住民票	通知

(1)	（よみかた）	みんじ　いちろう
(2)	氏名	氏：民事　名：一郎　☑男　□女
(3)	生年月日	昭和23年12月14日　（生まれてから30日以内に死亡したときは生まれた時刻も書いてください。）☑午前 □午後　4時10分
(4)	死亡したとき	令和　▲年　1月　9日　□午前 □午後　時　分
(5)	死亡したところ	東京都港区虎ノ門一丁目1　~~番地~~ 番　1号
(6)	住所（住民登録をしているところ）	東京都千代田区霞ヶ関一丁目1　~~番地~~ 番　1号 世帯主の氏名
(7)	本籍（外国人のときは国籍だけを書いてください）	東京都千代田区丸の内一丁目1　番地 ~~番~~ 筆頭者の氏名　民事 一郎
(8)(9)	死亡した人の夫または妻	☑いる（満　70歳）　いない（□未婚　□死別　□離別）
(10)	死亡したときの世帯のおもな仕事と	□1. 農業だけまたは農業とその他の仕事を持っている世帯 □2. 自由業・商工業・サービス業等を個人で経営している世帯 ☑3. 企業・個人商店等（官公庁は除く）の常用勤労者世帯で勤め先の従業者数が1人から99人までの世帯（日々または1年未満の契約の雇用者は5） □4. 3にあてはまらない常用勤労者世帯及び会社団体の役員の世帯（日々または1年未満の契約の雇用者は5） □5. 1から4にあてはまらないその他の仕事をしている者のいる世帯 □6. 仕事をしている者のいない世帯
(11)	死亡した人の職業・産業	（国勢調査の年…　年…の4月1日から翌年3月31日までに届出をするときだけ書いてください） 職業　　産業
	その他	
	届出人	☑1. 同居の親族　□2. 同居していない親族　□3. 同居者　□4. 家主　□5. 地主　□6. 家屋管理人　□7. 土地管理人　□8. 公設所の長　□9. 後見人　□10. 保佐人　□11. 補助人　□12. 任意後見人　□13. 任意後見受任者 住所　東京都千代田区霞ヶ関一丁目1　~~番地~~ 番　1号 本籍　東京都千代田丸の内一丁目1　~~番地~~ 番　筆頭者の氏名　民事 太郎 署名　民事 太郎　㊞　昭和51年12月28日生
	事件簿番号	

戸籍のはじめに記載されている氏名を記入

該当する項目の□に✓をつける

日中連絡のとれるところ
電話（　　）
自宅　勤務先　呼出（　　方）

記入の注意

鉛筆や消えやすいインキで書かないでください。

死亡したことを知った日からかぞえて7日以内に出してください。

死亡者の本籍地でない役場に出すときは、2通出してください（札幌市内に提出する場合は、1通で結構です。）。2通の場合でも、死亡診断書は、原本1通と写し1通でさしつかえありません。

→ 内縁のものはふくまれません。

□には、あてはまるものに☑のようにしるしをつけてください。

→ 死亡者について書いてください。

届け出られた事項は、人口動態調査（統計法に基づく基幹統計調査、厚生労働省所管）、がん登録等の推進に関する法律に基づく全国がん登録（厚生労働省所管）にも用いられます。

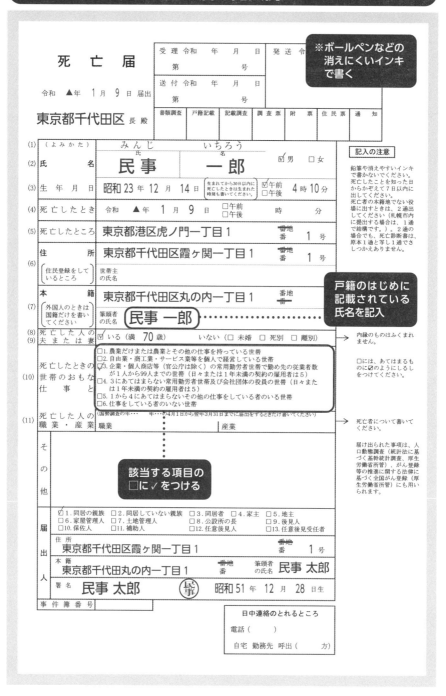

Q6 死亡届の提出に必要な「死亡診断書」はどこで入手できますか？

最も速やかに

医師によって作成・発行

「死亡診断書（死体検案書）」は、一般的に、病院または介護施設に備えられています。医師が死亡を確認すると、死亡診断書または死体検案書を作成し、遺族に発行します。

死亡診断書または死体検案書は、医師だけが作成できる書類です。病院や介護施設で死亡した場合は、生前から被相続人（故人）を診察していた主治医が死亡診断書を作成します。このように死亡診断書は、病院や介護施設で死亡した場合や、死因が明確な場合に発行されます。

一方、死体検案書は、病院以外の場所で医師の診察を受けずに死亡した場合に、監察医によって発行されます。自宅での転倒事故で亡くなったり、寝ているう

死亡診断書の記入例

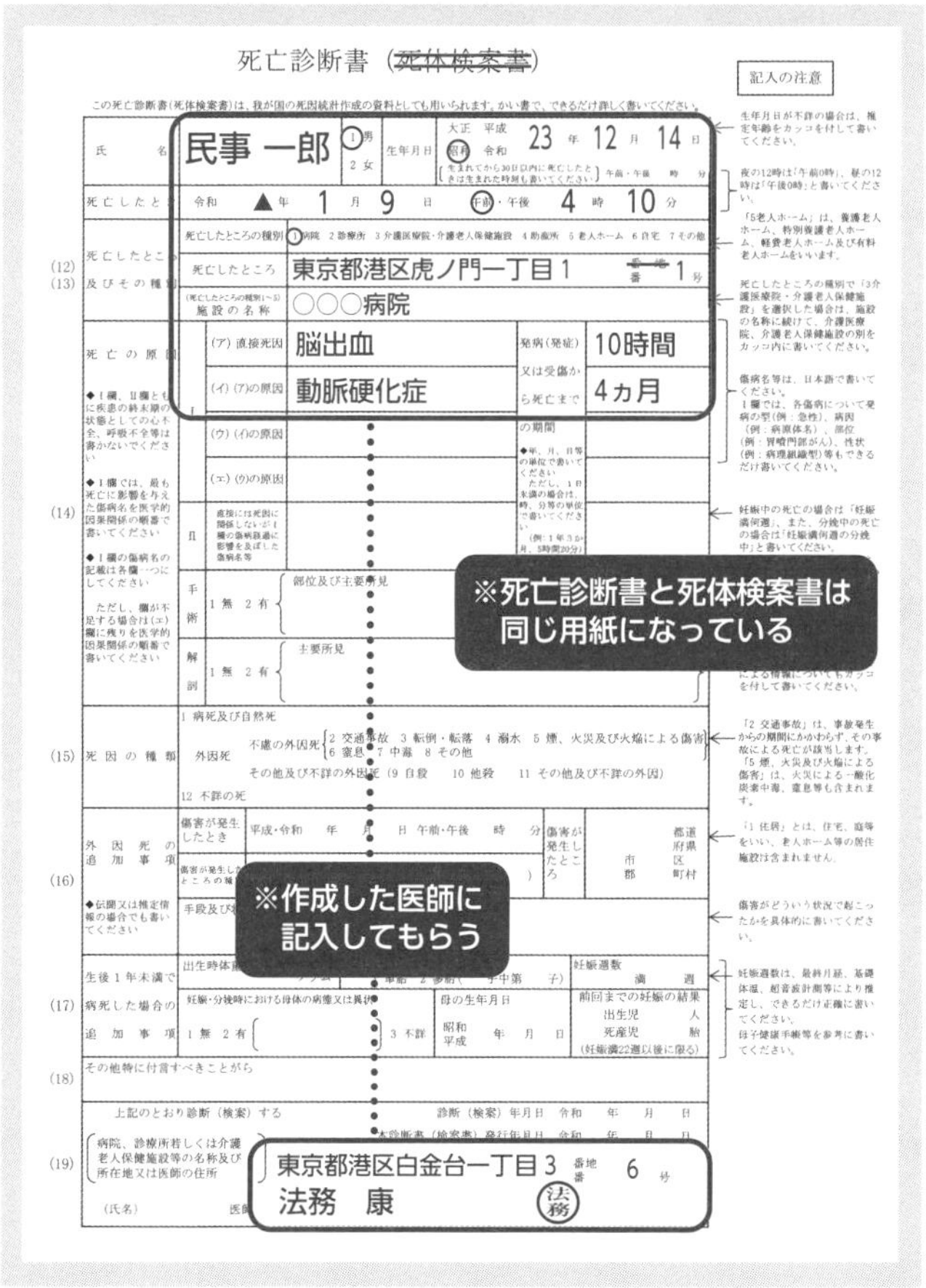

ちに突然死したりした場合には、死亡原因を確認しなければなりません。死亡原因や死亡時刻、異常死かどうかなどを監察医が十分に調べたうえで、死体検案書を作成します。

死亡診断書の発行は自由診療扱い（保険適用外）となるため、発行手数料は病院によって異なります。 公立の医療機関（国・公立病院、国・公立大学附属病院など）では、3000〜5000円となっています。私立の医療機関では、**5000円〜1万円であることが多いようです。**

死体検案書の発行手数料は、死亡診断書と比べればかなり高めになっています。一般に3万〜10万円といわれ、地域によって料金にだいぶ差があるようです。

死亡診断書は遺族が記入するものではありませんが、**死亡診断書（死体検案書）のサンプル**を29ページに掲載しました。参考にしてみてください。

Q7 自宅で死亡すると死亡診断書がもらえないというのは本当ですか？

最も速やかに

発行されるケースもある

答えは、自宅での亡くなり方によって異なります。「死亡診断書」がもらえないとは限らず、発行されるケースもあります。

● 死亡診断書が発行されるケース

自宅療養や自宅介護を受けている人が自宅で亡くなった場合には、まずかかりつけ医に連絡して、自宅までできてもらいましょう。死亡原因が療養中の疾患《しっかん》によるものと判断されると、かかりつけ医から死亡診断書を発行してもらうことができます。

● 死亡診断書ではなく「死体検案書」が発行されるケース

かかりつけ医がいないときは、警察に連絡します。病院で死亡した場合と違って自宅で亡くなった場合には事件性も考えられるため、警察による現場検証と検視が行われます。**検視を受けた場合は、死亡診断書の代わりに死体検案書が発行されます。**

Q8 妻が子供を「死産」してしまいました。どんな手続きが必要ですか？

7日以内

7日以内に死産届を提出する

死産とは、法令上「妊娠12週以後の死児を出産すること」と定義されています。したがって、**妊娠12週以降に死産した場合には、市区町村役場に「死産届」を提出しなければなりません。**

死産した場合は、まず、医師に「死産証明書」を書いてもらいます。そして、分娩《ぶんべん》日から7日以内に死産届を市区町村役場に提出する必要があります。そのさい、届出人の押印が必要です。

妊娠12週以降22週未満で死産した場合は、法令上、子供はこの世に存在したことにならないため、「出生届」の提出は不要です。妊娠22週以降であっても、母胎内で死亡した場合は死産届を提出します。

Q9 祖母が「海外で死亡」しました。どんな手続きが必要ですか？

3ヵ月以内

現地での本人確認や手続きが必要

海外で死亡した場合、現地の警察または病院から大使館や領事館などに連絡が入り、その報告を受けた日本の外務省から遺族に伝えられます。

遺族は、死亡した人の確認や手続きのために現地に出向かなければなりません。パスポートがない場合は、各自治体に相談すると緊急発給してもらえます。

現地では、遺体を現地で火葬するか、日本で火葬するかを選択します。どちらの場合も、医師による「死亡診断書」、または監察医による「死体検案書」を作成してもらいます。

帰国後、市区町村役場に「死亡届」を、死亡した日から3ヵ月以内に提出しなければなりません。

Q10 夫が亡くなり世帯主を変更します。「世帯主変更届」の提出期限はありますか？

14日以内

世帯主変更届は、亡くなった世帯主の世帯員（同一世帯を構成する家族）が提出します。委任状があれば、代理人が手続きを行うこともできます。

手続きに必要な書類は、本人確認書類と印鑑です。本人確認書類は運転免許証、パスポート、マイナンバーカードなどとなります。顔写真のついていない保

死後14日以内に届け出る

夫に限らず世帯主が死亡したときは、亡くなった世帯主から新しい世帯主への登録変更を行うことが必要になります。この届け出を「世帯主変更届」といいます。

世帯主変更届には提出期限があり、**世帯主が死亡してから14日以内に届け出なければなりません。** 提出先は、住所地を管轄する市区町村役場です。

世帯主変更届では、ほとんどの市区町村で「住民異動届」という書類を用います（一部地域では別の書類を使用することもある）。この書類に必要事項を記入し、市区町村役場に届け出ることになります。届け出のさいは、世帯主の「住民票の抹消」手続きも同時に行いましょう。

世帯主変更届の記入例を下に掲載しました。 書式は市区町村によって異なるので、あくまでも参考としてください。

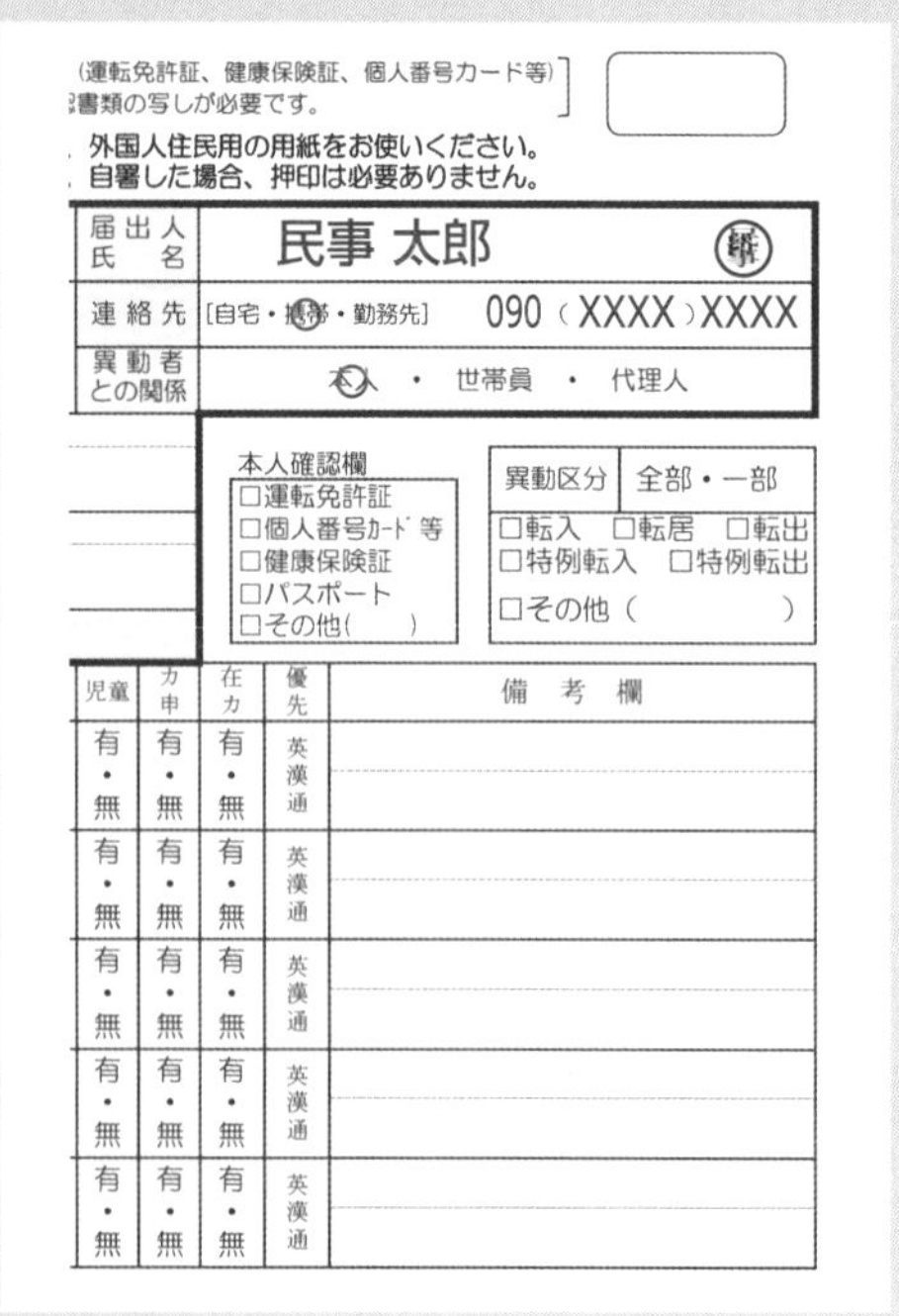
（運転免許証、健康保険証、個人番号カード等）
書類の写しが必要です。
外国人住民用の用紙をお使いください。
自署した場合、押印は必要ありません。

届出人氏名	民事 太郎
連絡先	[自宅・携帯・勤務先] 090（XXXX）XXXX
異動者との関係	本人・世帯員・代理人

本人確認欄
□運転免許証
□個人番号カード等
□健康保険証
□パスポート
□その他（ ）

異動区分	全部・一部
□転入 □転居 □転出 □特例転入 □特例転出 □その他（ ）	

児童	カ申	在カ	優先	備考欄
有・無	有・無	有・無	英漢通	
有・無	有・無	有・無	英漢通	
有・無	有・無	有・無	英漢通	
有・無	有・無	有・無	英漢通	
有・無	有・無	有・無	英漢通	

険証や年金手帳などの場合は、２点を提出する必要があります。印鑑は、書類に訂正が必要なときに使用します。

届け出が不要の世帯もある

世帯主変更届の提出が必要になるのは、世帯員の全員が16歳以上の３人以上で構成されている世帯の場合です。

一方、**世帯員が２名以下で、新しく世帯主となる人が客観的に見て明瞭である場合や、世帯主にふさわしい人物がいない場合には、届け出が不要となることもあります。**

例えば、夫婦２人で１世帯を構成していた場合、夫が亡くなると妻が世帯主になることが明瞭なので、届け出は必要ありません。また、その夫婦に15歳未満の子供がいた場合でも、15歳未満の子供は世帯主になれないので届け出は不要です。

子供がいる世帯の場合は、「子供が全員16歳未満なら届け出は不要」と覚えておきましょう。

なお、国民健康保険は世帯ごとに登録されています。

世帯主変更届（住民異動届）の記入例

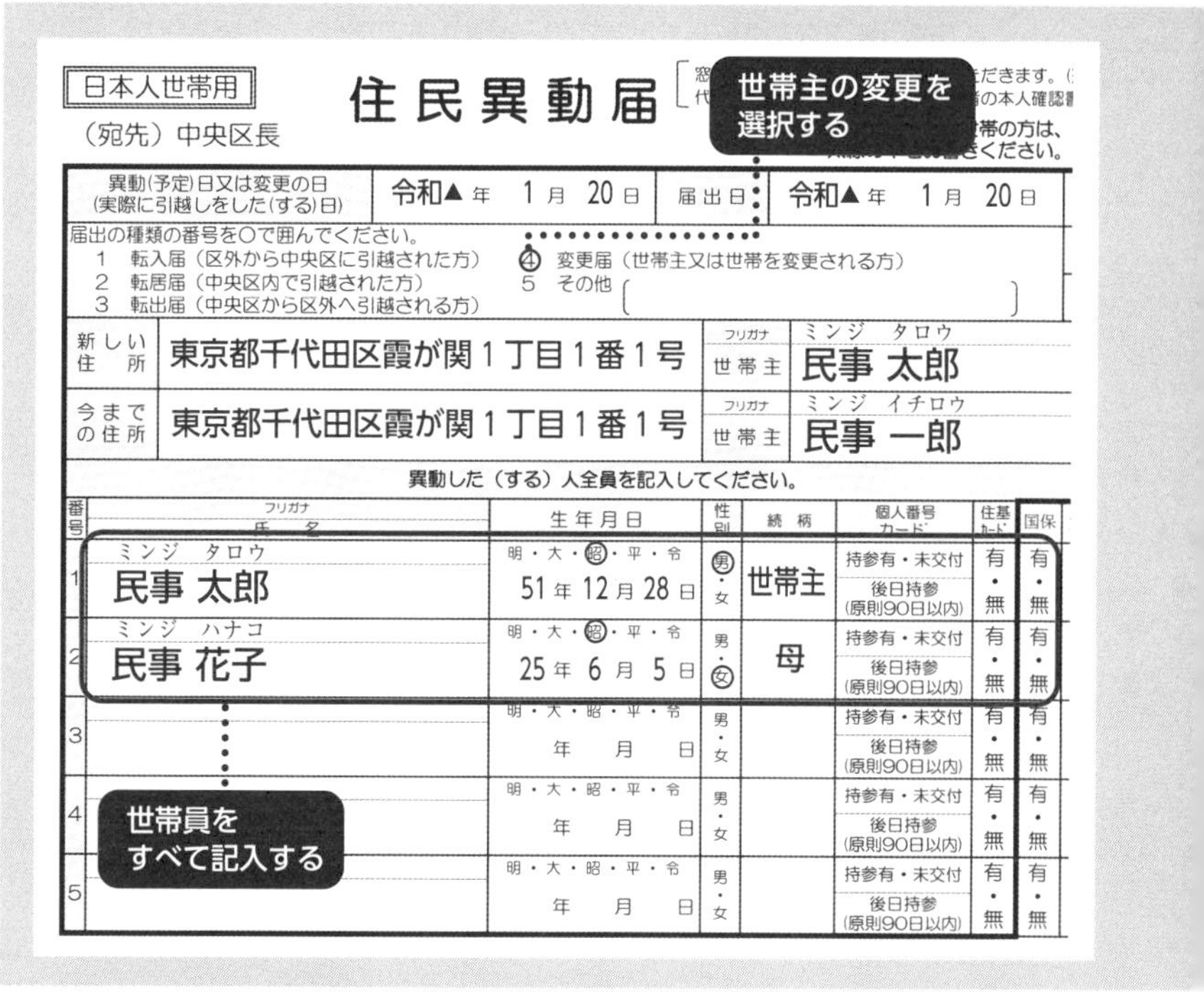
日本人世帯用

住民異動届

（宛先）中央区長

異動(予定)日又は変更の日(実際に引越しをした(する)日)	令和▲年 1月 20日	届出日	令和▲年 1月 20日

届出の種類の番号を○で囲んでください。
1 転入届（区外から中央区に引越された方）
2 転居届（中央区内で引越された方）
3 転出届（中央区から区外へ引越される方）
④ 変更届（世帯主又は世帯を変更される方）
5 その他（　）

新しい住所	東京都千代田区霞が関１丁目１番１号	世帯主	民事《ミンジ》 太郎《タロウ》
今までの住所	東京都千代田区霞が関１丁目１番１号	世帯主	民事《ミンジ》 一郎《イチロウ》

異動した（する）人全員を記入してください。

番号	氏名	生年月日	性別	続柄	個人番号カード	住基カード	国保
1	民事《ミンジ》 太郎《タロウ》	明・大・㊧昭・平・令 51年 12月 28日	㊚・女	世帯主	持参有・未交付 後日持参(原則90日以内)	有・無	有・無
2	民事《ミンジ》 花子《ハナコ》	明・大・㊧昭・平・令 25年 6月 5日	男・㊛	母	持参有・未交付 後日持参(原則90日以内)	有・無	有・無
3		明・大・昭・平・令 年 月 日	男・女		持参有・未交付 後日持参(原則90日以内)	有・無	有・無
4		明・大・昭・平・令 年 月 日	男・女		持参有・未交付 後日持参(原則90日以内)	有・無	有・無
5		明・大・昭・平・令 年 月 日	男・女		持参有・未交付 後日持参(原則90日以内)	有・無	有・無

世帯主の変更を選択する
世帯員をすべて記入する

※上の書類は右ページの書類とつながっています

そのため、世帯主変更届の届け出と同時に、国民健康保険の手続き（Q14～17参照）も行うといいでしょう。

Q11 「火葬許可申請書」は死亡届と同時の提出がいいと聞きましたが、なぜですか？

7日以内

7日以内の提出が必要

「火葬許可申請書」は、亡くなった人の遺体を火葬するために必要な書類です。親族または同居人が7日以内に申請する必要があります。

申請は、市区町村役場に「死亡届」と同時に提出します。なぜなら、死亡届を提出した人と同一人物が届け出をすべきものだからです。

火葬許可申請書の記入例

死体埋火葬許可申請書

令和▲年1月4日

区長

届け出を行う人の住所や氏名などを記入する

本籍　東京都千代田区丸の内一丁目1　~~番地~~

住所　東京都千代田区霞ヶ関一丁目　1番1号　番地

死亡者との続柄　子　申請人　民事 太郎　㊞

明・(昭)・令・大・平　51年12月28日生

次のとおり申請します。

本籍	東京都千代田区丸の内一丁目1　番 番地
住所	東京都千代田区霞ヶ関一丁目　1番1号 ~~番地~~
死亡者氏名	民事 一郎　明・(昭)・令・大・平　23年12月14日生
性別	(男)　女
死因	「一類感染症等」　(「その他」)
死亡の年月日時	令和▲年1月4日　午(前)・後　4時10分
死亡の場所	東京都港区虎ノ門一丁目　1番1号 ~~番地~~
埋葬又は火葬の場所	○○斎場

亡くなった人の本籍・住所・氏名・生年月日などを記入する

※書式は市区町村によって異なるので、窓口で確認を！

Q12 「葬儀や納骨の手配」はどのように行いますか？

速やかに

葬儀社と相談して葬儀日程を決める

まず、葬儀社へ連絡し、サービス内容や料金などを確認します。そして通夜・告別式の日程を決め、祭壇・仕出し・宿泊などの段取りを相談します。宗教によって、僧侶などとの打ち合わせも必要です。

葬儀の日程が決まったら、親族や知人など交友のあった人に連絡します。そして一般的に、通夜・告別式を行い、出棺《しゅつかん》、火葬、納骨へと続きます。

納骨の期日に法的な規定はありませんが、多くの場合、四十九日法要に合わせて行われます。納骨のさいに必要なのは「埋葬許可証」と、「墓地の利用許可証」と印鑑です。また、永代供養《えいたいくよう》の合祀《ごうし》墓に納骨する場合は「受入許可証」が必要となります。

Q13 銀行や信用金庫などの「金融機関への死亡通知」はいつまでに行うべきですか？

速やかに

預金の凍結に注意しよう

金融機関への死亡通知に法的な決まりはありませんが、なるべく速やかに通知しましょう。しかし、通知をしなくても、金融機関は葬儀の案内板などで死亡の事実を知ると被相続人（故人）の預貯金を凍結するため、遺族が葬儀費用などで故人の預貯金を必要としても引き出せなくなってしまいます。

そこで故人の生前に、本人の了解を得て、葬儀費用として本人の預貯金からある程度の金額を引き出しておくといいでしょう。医療費や介護費も、ふだんから本人に支払ってもらいましょう。ただし、相続トラブルになりかねないので、お金の使途や金額を記録し、領収証も保管しておく必要があります。

Q14 自営業の夫が亡くなりました。「国民健康保険」の手続きはどう行いますか？

14日以内

世帯主なら世帯員の保険証も返却

自営業者などの「国民健康保険の加入者」が亡くなった場合には、市区町村役場に「国民健康保険資格喪失届」を提出します。この手続きについて、くわしくは下の表をご覧ください。

ただし、市区町村によっては「死亡届」を提出することで国民健康保険資格喪失届の提出が不要になるところもあります。その場合でも、保険証（国民保険被保険者証）は返さなければなりません。

亡くなった国民健康保険の加入者が「世帯主」の場合には、世帯主の資格喪失手続きのときに世帯員（同一世帯を構成する家族）の全員分の保険証を返却します。

世帯主と被保険者証番号が変更されると、残った家族には新しい保険証が発行されます。そのさい、新しい世帯主を届け出る「世帯主変更届」の提出が必要になる場合もあります。

国民健康保険の資格喪失届などの手続き

届出先	被相続人（故人）の住所地を管轄する市区町村役場の窓口
提出書類	国民健康保険資格喪失届（75歳以上などの場合は「後期高齢者医療資格喪失届」） ※用紙は窓口で入手する。ホームページからのダウンロードで入手できる市区町村もある
返却物	● 国民健康保険被保険者証（世帯主死亡の場合は世帯全員分） ● 国民健康保険高齢受給者証（70～74歳の対象者） ● 後期高齢者医療被保険者証（75歳以上などの対象者）
市区町村や状況による必要書類	● 死亡を証明する書類（火葬許可証、死亡診断書など） ● マイナンバーがわかる書類（マイナンバーカードなど） ● 印鑑 ※後期高齢者医療制度の対象者の場合、次の書類が必要になることがある ● 相続人の印鑑、預金通帳 ● 限度額適用・標準負担額減額認定証 ● 特定疾病療養受療証

葬儀を行った場合は「葬祭費」が支給されます。市区町村の国保・年金課に請求してください（くわしくはQ42参照）。病院などでの支払いが一定額を超えた場合は「高額療養費制度」によって、その超えた分の払戻しが受けられます（くわしくはQ45参照）。

また、国民健康保険料の賦課《ふか》（保険税）変更が生じる場合は、保険料の計算がし直され、後日「通知書」が届きます。生前の支払い保険料が不足した場合は、国民健康保険料を追納しなければなりません。過払いの場合は、その超えた分が相続人に還付されます。

後期高齢者や要介護者の手続き

亡くなった人によっては、国民健康保険とは別の医療保険制度に加入している場合があります。「後期高齢者医療制度」に加入している場合、市区町村により「後期高齢者医療資格喪失届」の提出が必要になることもあります（くわしくはQ15参照）。

65歳以上の人や、40歳以上65歳未満で要介護認定を受けていた人が亡くなった場合は「介護保険被保険者証」の返却も必要です（くわしくはQ18参照）。

Q15 亡くなった母は「後期高齢者の保険」加入でしたが、どんな手続きが必要？

14日以内

資格喪失届の提出と保険証の返却

後期高齢者の保険（後期高齢者医療制度）の対象となる75歳以上の人（65歳以上で障害認定を受けている人を含む）が亡くなった場合、14日以内に市区町村役場に「後期高齢者医療資格喪失届」を提出し、保険証（後期高齢者医療被保険者証）を返却します。

一般に、死亡届を提出すれば資格喪失手続きが行われます。ただし、市区町村によっては、後期高齢者医療資格喪失届の提出が必要になる場合があります。

いずれの場合も保険証のほか、長期にわたり高額な医療が必要な人に交付される「限度額適用・標準負担額減額認定証」や「特定疾病療養受療証」があれば、返却しなければなりません。

Q16 亡くなった夫は「会社の健康保険」加入でしたが、どんな手続きが必要？

5日以内

基本的に手続きは事業主が行う

会社員が亡くなった場合は、通常、死亡した日が退職日となります（「死亡退職」という）。そして、その**会社員が「健康保険（被用者保険）」に加入している場合、健康保険の資格喪失などに関する手続きは、基本的に事業主が行います。**

ちなみに、会社員が加入する健康保険には、全国健康保険協会（略称：協会けんぽ）や健康保険組合（略称：健保組合）があります。

事業主は、死亡日から5日以内に、事業所の所在地を管轄する年金事務所に「健康保険・厚生年金保険被保険者資格喪失届」「厚生年金保険70歳以上被用者不該当届」を提出しなければなりません。

国民健康保険の届け出の期限は14日以内ですが、会社員が加入する健康保険の場合は届け出の期限が5日以内となっています。遺族は、できるだけ速やかに死亡の事実を勤務先に連絡するよう十分に注意してください。

健康保険被保険者証（健康保険証）も、勤務先を通して返却されます。亡くなった本人の健康保険証だけでなく、扶養されていた家族全員の健康保険証を勤務先に返却してください。

会社員が死亡退職すると、健康保険証の返却のほか、会社との間でさまざまな手続きが必要になります。

まず、死亡退職届を提出しなければなりません。次に、社員証や社章などの身分証明書の返却や、通勤定期の返却・精算も必要です。社費で購入した文具や書籍、会社から借りていた物品があれば、それらも返却します。仕事で使っていた名刺や書類が自宅にあれば、きちんと返却しましょう。

そのほかにも、未払い給与の精算、退職金・社内預金の受取り、自社持ち株の精算などを行う必要があります。遺族厚生年金の請求を会社が行うような場合には、会社から求められる書類を提出します。

また、退職金を受領した場合には、源泉徴収票を会社から受け取ります。年金手帳を会社が保管している場合には、これも受け取ります。

死亡退職のときに必要な手続き

遺族が会社に提出または返却するもの
❶ 死亡退職届の提出
❷ 健康保険証の返却
❸ 身分証明書（社員証・社章・カードキーなど）の返却
❹ 通勤定期券の返却
❺ 社費で購入した文具や書籍の返却
❻ 書類やデータの返却
❼ 会社が貸与していた物品の返却　など

遺族が会社から受け取るものなど
1 未払い給与の精算金
2 退職金・社内預金の受取り
3 自社持ち株の精算金
4 会社が求める書類の提出（遺族厚生年金の手続きを会社が行う場合など）
5 源泉徴収票の受取り（退職金を受領した場合は退職金の源泉徴収票も受け取る）
6 年金手帳を会社が保管している場合、返却してもらう　など

14日以内に健康保険の切り替えを！

健康保険証は、死亡の翌日から使えなくなります。

そのため、**扶養されていた家族は、夫などの扶養者が亡くなってから14日以内に、自分の居住地の市区町村役場で国民健康保険への切り替え（加入）手続きを行う必要があります。**

ただし、近親者に会社勤めをしている人がいれば、その扶養に入るという方法もあります。扶養者になれば、今までどおり保険料の支払いは免除されます。その場合には、新しい扶養者の勤務先で手続きを進めてくれます。

このように多くの場合、会社員が亡くなったときの手続きは事業主が行ってくれます。しかし、すでに退職していて、任意継続で健康保険に加入しているケースもあります。その場合には遺族が直接、全国健康保険協会、または健康保険組合に届け出る必要があります。届け出る健康保険協会などの窓口は健康保険証に記載されているので、それを確認するといいでしょう。くわしい手続きは、それらの窓口で確認してください。

Q17 亡くなった夫に扶養されていた妻は、国民健康保険への加入が必要ですか？

速やかに

扶養の状態を維持する方法もある

亡くなった人が世帯主で、会社員の「健康保険（被用者保険）」に加入していた場合には、世帯主に扶養されていた人全員が健康保険の加入資格を失うことになります。

扶養家族は、次のどちらかの方法で健康保険に加入しなければなりません。

①国民健康保険に加入する。
②子供などの近親者に被用者保険に加入している人がいれば、その人の扶養に入る。

つまり、世帯主に扶養されていた人は、国民健康保険への加入が必要ではないのです。②の方法が可能なら、保険料の支払いは不要となります。

Q18 亡くなった祖父が加入していた「介護保険」では、どんな手続きが必要ですか？

14日以内

14日以内に資格喪失届を提出

「介護保険」に加入していた人（介護保険被保険者）が亡くなった場合、死亡後14日以内に「介護保険資格喪失届」を提出しなければなりません。

ただし、手続きが必要なのは、死亡した人が65歳以上の人（第1号被保険者）、または40歳以上65歳未満で健康保険に加入し要介護・要支援認定を受けていた人（第2号被保険者）の場合です。

介護保険資格喪失届を提出する人は、同一世帯の家族となります。家族が届け出ることができない場合には、委任状を作成することで、代理人に手続きを代行してもらうこともできます。

提出する必要書類は、「介護保険被保険者証」、「介護保険資格取得・異動・喪失届」、「介護保険負担限度額認定証（交付を受けている人のみ）」、「保険料過誤状況届出書（還付金が発生する場合）」です。市区町村役場によっては、印鑑や本人確認書類、マイナンバーが必要になることもあるので、事前に確認することをおすすめします。

介護保険の手続き一覧

提出期限	**死亡後14日以内**
手続きが必要な人	● **65歳以上の人**（第１号被保険者） ● **医療保険に加入し、要介護・要支援認定を受けていた40歳以上65歳未満の人**（第２号被保険者）
手続きに必要な書類	● **介護保険被保険者証** ● **介護保険資格取得・異動・喪失届** ● **介護保険負担限度額認定証**（交付を受けている人のみ） ● **保険料過誤状況届出書**（還付金が発生する場合） ※役所によっては、印鑑・本人確認書類・マイナンバーが必要になることもある
提出先	**被保険者の住民票のある市区町村役場**
届出人	**同一世帯の家族または委任状を持参できる代理人**

65歳以上の人（第1号被保険者）が亡くなった場合には、介護保険の被保険者資格の喪失日は、亡くなった日の翌日となります。したがって「介護保険料」は被保険者資格喪失日の前月までを算定します。

納付ずみの保険料に、再計算後に確定した金額以上の超過分があった場合は、相続人に還付されます。再計算後の保険料に不足が生じた場合は、未納分を相続人が代わりに納めなければなりません（どちらも発生しないケースもあります）。

要介護・要支援認定の申請中に亡くなる人もいます。その場合には、65歳以上の第1号被保険者と、40歳から64歳の第2号被保険者では、次のように手続きが異なります。

①第1号被保険者の場合、介護保険被保険者証の返却、介護保険資格取得・異動・喪失届と、「要介護・要支援認定等申請取下げ申出書」の提出を行う。

②第2号被保険者の場合、要介護・要支援認定の申請中は介護保険証が手元にないので、介護保険資格喪失届の提出は不要。要介護・要支援認定等申請取下げ申出書の提出のみを行う。

Q19 亡くなった夫が受給していた「公的年金」では、どんな手続きが必要ですか？

亡くなった人に一定の条件が当てはまる遺族がいる場合には、その遺族は「遺族年金」などを受け取ることができます。遺族年金の請求手続きについては、第9章をご覧ください。

国民年金は14日以内、厚生年金は10日以内

提出期限が短いことに注意！

公的年金（国民年金・厚生年金）を受給している人が亡くなると当然、年金の受給権は消滅します。そのため「年金受給権者死亡届（報告書）」の提出が必要になります。

提出期限は、国民年金は死亡した日から14日以内、厚生年金は10日以内となっています。

ただし、日本年金機構に個人番号（マイナンバー）が登録されている場合には、原則として年金受給権者死亡届の提出を省略できます。この登録状況を確認したいときは、日本年金機構（本部☎03‐5344‐1100）に問い合わせれば、本人確認のうえ知らせてもらえます。

また、年金を受けていた人が死亡日までに受け取っていない年金は「未支給年金」として、被相続人（故人）と生計を同じくしていた遺族が受け取れます。さらに、

公的年金の手続き一覧

手続きの期限	● 国民年金 →死亡した日から14日以内 ● 厚生年金（旧共済年金を含む） →死亡した日から10日以内 ※手続きの期限が非常に短いことが特徴。届け出が遅れると、不正受給につながる可能性があるので、必ず期限内に手続きを行うこと
必要書類	● 亡くなった人の年金証書 ● 年金受給権者死亡届 ● 死亡の事実を明らかにできる書類（除籍謄本、死亡診断書または死体検案書等の写しまたは死亡届の記載事項証明書）
提出先	年金事務所または、街角の年金相談センター（場所は日本年金機構のホームページで確認できる）

第2章

[葬儀]のお金と手続きについての疑問12

山本宏税理士事務所所長
税理士 山本《やまもと》　宏《ひろし》

山本文枝税理士事務所所長
税理士 山本文枝《やまもとふみえ》

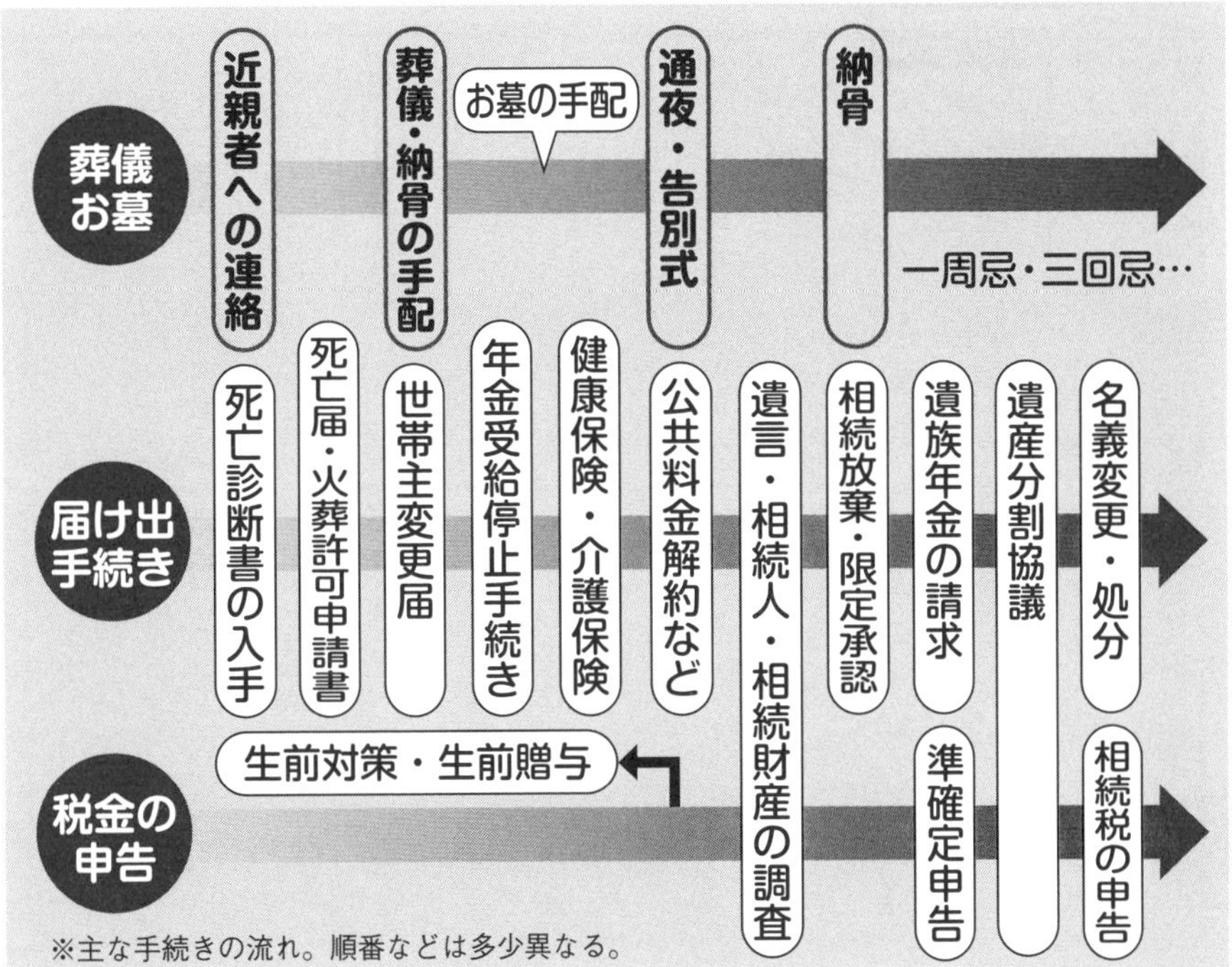

葬儀
お墓
近親者への連絡
葬儀・納骨の手配
お墓の手配
通夜・告別式
納骨
一周忌・三回忌…
届け出
手続き
死亡診断書の入手
死亡届・火葬許可申請書
世帯主変更届
年金受給停止手続き
健康保険・介護保険
公共料金解約など
遺言・相続人・相続財産の調査
相続放棄・限定承認
遺族年金の請求
遺産分割協議
名義変更・処分
税金の
申告
生前対策・生前贈与
準確定申告
相続税の申告

※主な手続きの流れ。順番などは多少異なる。

亡くなった父の預金ではお葬式の費用が不足！今や身の丈に合った葬儀が主流！

母さん ダメだった 父さんの 口座は 凍結されて いたよ
じゃあ 父さんの 預金は お葬式で 使えないね
父さんは 地元の 名士だから 死亡した ことは 銀行に 筒抜けね
お葬式の 費用くらい なんとか ならない？
金子成蔵・70歳
次女・下村明子
長男・一郎
成蔵の妻・見栄子
長女・勝又節子
三女・水上久美子
簡単にいうなよ お葬式には 数百人が集まるから 飲食代やらなんやらで 500万～ 600万円は 必要なんだ
ええっ そんなに!?
ニュッ
だいぶお困りの ようじゃの
まあ 相続博士！
相続博士
凍結された 預金は銀行で 手続きすれば 仮払いができる
なら 大丈夫ね！
ホッ
実は父さんの 預金じゃ 足りないんだ
父さん昨年の 市議会選挙で 落選したでしょ そのとき預金を だいぶ使って しまったの
ヒエ～～～
じゃあ どうしたら いいの？

お葬式の規模を小さくすれば費用は格段に安くなるぞよ
なるほど！
いっそ近親者だけにしたら香典でお葬式の費用がまかなえるかも？
それなら1人当たりの香典が高くなるし参列者への飲食代が削れるな
バカなことをいわないでちょうだい！
父さんは市議会議員を3期務めた名士よ！みっともなくて近所に顔向けできないわ
か…母さん
近ごろは身の丈に合ったお葬式を行う人が増えておる故人も家族がお葬式のお金で苦しむのを見るのはつらいと思うがのぉ
そうだよ母さん見栄にとらわれないで
これから法要や改葬にもお金が必要になる
おれたちに任せてくれないか
どーんとね
……わかったわ
う〜〜
じゃあ喪主《もしゅ》もあんたに任せたわ
どーんと
えっ…喪主をおれが……!?
めでたしめでたし

Q
20
「葬儀」はどのような流れで行いますか？

速やかに

葬儀の日程が決まったら関係者に連絡

葬儀の進め方は、信仰する宗教・宗派、住んでいる地域などによって異なります。ここでは、最も一般的な仏式の葬儀の進め方について説明しましょう。

病院で死亡した場合は、医師から臨終《りんじゅう》が伝えられます。自宅で死亡した場合には、かかりつけ医か救急車を呼びます。突然死や自死（自殺）のときは、遺体を動かさずに急いで警察に連絡しなくてはなりません。

病院で亡くなると、遺体はいったん霊安室《れいあんしつ》に安置されますが、自宅や斎場への速やかな搬送が必要です。葬儀社に、遺体の搬送車（寝台《しんだい》車）と安置場所の手配を依頼します。病院指定の葬儀社に搬送を依頼する方法もあります（葬儀社の選び方についてはQ29参照）。

自宅などへ搬送された**遺体は「通夜《つや》」までの間、「枕《まくら》飾り」（簡易な祭壇）を整えて安置します。**菩提寺《ぼだいじ》（先祖代々の墓がある寺）がある場合、僧侶を迎えて「枕経」（枕もとでのお経）をしてもらいます。

そして、葬儀社とは、通夜や葬儀・告別式の具体的な内容を打ち合わせておきます。日時や斎場などが決まったら、親戚や友人、仕事関係、近所の人など、故人の関係者に連絡します。

短時間の半通夜を行うケースも多い

通夜当日は、「納棺《のうかん》」を行います。納棺は遺族の手で遺体を死に装束《しょうぞく》に整えて棺《ひつぎ》に納める儀式ですが、葬儀社や「納棺師」と呼ばれる専門業者に任せることも増えてきました。

元来、通夜は、夜通し線香を絶やさず、遺族や近親者が故人に寄り添い、別れを惜しむための儀式でした。しかし、近年では、翌日の葬儀・告別式に参列できない会葬者が参加する場と考えられるようになってきました。夕方から2～3時間ほどで終わる「半通夜」を行うケースも多く見られます。

通夜の翌日の午前中から「葬儀」「告別式」を行います。最初に、僧侶の読経による葬儀を行い、続いて行われる告別式では、血縁の濃い順に焼香《しょうこう》をして最後のお別れをします。

その後、**棺を遺族と近親者の手で霊柩《れいきゅう》車へ運び、火葬場で遺体を「火葬」したあとに「拾骨《しゅうこつ》（骨《こつ》あげ）」を行い、葬儀は終了します。**

近年では、遺族や親族が何度も集まることが難しいため、本来は逝去《せいきょ》7日めに行う**「初七日」**の法要を、葬儀と同日に行うことが一般的になっています。

一般的な葬儀の流れ

臨終

病院で亡くなった場合は、医師から臨終が告げられる。自宅で亡くなった場合には、かかりつけ医か救急車を呼ぶ。突然死や自死の場合は、直ちに警察に通報する。近親者へ連絡する。

遺体の搬送

葬儀社に、遺体搬送車（寝台車）と安置場所の手配を依頼し、自宅や斎場へ搬送する。

遺体の安置

通夜までの間、「枕飾り」を整えて安置する。菩提寺がある場合には、僧侶に依頼して「枕経」をしてもらう。

納棺

遺族の手で遺体を死に装束に整えて棺に納める儀式。葬儀社や「納棺師」と呼ばれる専門業者が行うケースも多い。

通夜

本来、遺族が夜を通して故人に寄り添い別れを惜しむ儀式だが、近年は、葬儀・告別式に参列できない会葬者も参加する。2～3時間で終わる「半通夜」も多い。

葬儀・告別式

最初に、僧侶の読経による「葬儀」があり、続いて行われる「告別式」では、血縁の濃い順に焼香をして最後のお別れをする。

火葬

棺を霊柩車で斎場から火葬場に運び、「火葬」する。そのあとに「拾骨」を行う。

くり上げ初七日

本来は逝去7日めに行う初七日の法要を葬儀と同日に行うのが一般的。

Q21 葬儀にはどんな種類がありますか？

事前に準備

音楽葬などの自由葬も増えている

葬儀には、さまざまな種類があります。

Q20で紹介した**仏式の葬儀・告別式は、昔から広く行われている形式で、「一般葬」と呼ばれます。**遺族・親族のほか、友人、職場関係者、近隣住民など、幅広い人が参列します。

参列者が10〜30人程度の小規模な葬儀は「家族葬」と呼ばれ、一般葬と同様の儀式が行われます。家族だけでなく、親族や、被相続人（故人）と親しかった友人などが参列することもあります。

会社代表や役員が亡くなったときや、社員が殉職《じゅんしょく》した場合には、会社が主体となる「社葬」が行われることもあります。遺族と共同か複数の会社が施主となる場合、これを「合同葬」とも呼びます。

後日に本葬儀やお別れの会を行うことなどを前提に、ひっそりと行われる葬儀を「密葬」と呼びます。故人の死を広く知らせずに、遺族などのごく限られた近親者だけで行われます。

「一日葬」という通夜《つや》の儀式を簡略化または行わずに、告別式と火葬を1日で行う葬儀もあります。遺族・親族・友人などのごく身近な関係者のみが参列します。

通夜や葬儀を行わず、火葬だけで終える葬儀を「直葬」や「火葬式」といいます。遺体を病院や自宅、安置場所などから直接火葬場に搬送し、故人とのお別れは、火葬炉の前で簡単な形で行います。

最近は、従来の葬儀の形式にこだわらない「自由葬」も増えてきました。故人が好きだった音楽で見送る「音楽葬」、遺骨を海にまく「海洋葬」などがあります。

著名人などが逝去《せいきょ》すると、後日、故人にゆかりのある人たちがホテルやレストランなどに集まって「お別れの会（しのぶ会）」が行われることもあります。宗教儀式にはとらわれないのが特徴で、逝去後、2週間〜2ヵ月程度までに行われる例が多く見られます。

主な葬儀の種類

一般葬	昔から広く行われている形式の葬儀のこと。「通夜」が行われた翌日に、宗教儀礼によって故人をしのぶ「葬儀」、遺族や参列者が故人に別れを告げる「告別式」が行われる。遺族・親族のほか、友人、職場関係者、近隣住民など、幅広い人が参列する。
家族葬	「家族葬」という名称だが、家族だけではなく親族や故人と親しかった友人などが参列することもある。一般葬と同様の儀式が行われることから、「小規模な一般葬」ととらえるとわかりやすい。10〜30人程度の参列者になることが多い。
社葬・合同葬	会社代表や役員が亡くなったり、社員が殉職したりした場合に会社が主体となって行うのが「社葬」。遺族と共同、または複数の会社が施主となる場合には「合同葬」と呼ぶ。
密葬	著名人や会社代表などが亡くなり、後日、本葬儀やお別れの会などを行うことが決まっている場合、故人の死を広く知らせずに遺族などの近親者だけで行う葬儀を「密葬」と呼ぶ。
一日葬	通夜の儀式を簡略化または行わない形で、遺族・親族・友人などのごく身近な関係者のみで告別式と火葬を1日で行う葬儀のこと。
直葬・火葬式	通夜や葬儀、告別式を行わず、火葬だけで終える葬儀のこと。「直葬」とも「火葬式」とも呼ばれる。 遺体を病院や自宅、安置場所などから直接火葬場に搬送し、故人とのお別れは、火葬炉の前で簡単な形で行われる。
自由葬	従来の葬儀の形式にこだわらずに行う葬儀のこと。故人が好きだった音楽の生演奏やCDなどで見送る「音楽葬」、遺骨を海にまく「海洋葬」(法律や条例に基づき節度を持って行われることが前提)などがある。
お別れの会(しのぶ会)	著名人や会社代表などが亡くなった場合、後日、故人にゆかりのある人たちやファンなどがホテルやレストランなどの会場に集まって、お別れをする会のこと。宗教儀式にはとらわれない。亡くなったあと2週間から2ヵ月程度までに行われることが多い。

Q 22 コロナ禍で葬儀のやり方は変わりましたか?

事前に準備

オンライン葬儀も増えている

本来、親戚《しんせき》や親しい友人、つきあいのある近隣の人の訃報《ふほう》を受けたら、何をおいても通夜《つや》や葬儀・告別式に駆けつけるのがマナーとされていました。ところが、新型コロナウイルスの感染拡大により、葬儀のスタイルが大きく様変わりしました。

葬儀場自体はもともと「非常事態宣言」や「まん延防止等重点措置」の対象外です。しかし、**県をまたぐ移動の自粛が求められる中では親族が集まりにくく、多くの人が参列する「一般葬」は、三密（密閉・密集・密接）を招きやすいとして、減少しました。**

その一方で、火葬のみを行う**「直葬（火葬式）」**や、通夜の儀式を簡素化・省略して葬儀・告別式のみを行う**「一日葬」**が増加したと見られています。

また、こうしたコロナ禍での葬儀では、遺族や参列者はもちろん、葬儀社のスタッフに至るまで、**マスクの着用や手指の消毒が行われるようになりました。参列者の座席の間隔をあけ、頻繁に室内の換気を行うなどして、感染防止に努めています。**

ところで、厚生労働省によると、新型コロナウイルス感染症による国内の死者数は７万４６９４人（２０２３年５月９日時点、最終集計）。感染症で死亡した場合（感染症の疑いを含む）の葬儀について、厚生労働省と経済産業省では、臨終から通夜・葬儀、火葬・拾骨に至るまで、細かいガイドラインを定めました。

このガイドラインによると、遺体を体液などがもれ出さない非透過性の納体袋に収容・密封し、そのまま火葬することを推奨。**ガイドラインではパソコンやスマートフォンで参列できる「オンライン葬儀」の利用もすすめており、利用者が増えました。**

※この記事は 2023 年 5 月 9 日時点の情報に基づく

Q23 葬儀費用はいくらくらい必要ですか？ 香典で足りますか？

香典だけでまかなうのは難しい

葬儀にかかる費用は、宗教・宗派や地域、葬儀の種類、さらには、規模によってもさまざまです。

通夜《つや》、葬儀・告別式を行う「一般葬」の場合は主に、以下の4つの費用がかかります。

●**葬儀自体にかかる費用**……斎場使用料、祭壇・供物・生花代、人件費など葬儀社へ支払う費用

●**飲食代**……通夜ぶるまいなどの料理にかかる費用

●**お布施**……読経《どきょう》、戒名《かいみょう》、お車代、くり上げ初七日法要など、僧侶に渡すもの

●**その他**……寝台車代、香典返し、位牌《いはい》代、遺影加工代金、心づけ（上の囲み参照）、など

葬儀にかかる費用については、各葬儀社や調査会社などによる調査報告があります。ところが、一般葬にかかる費用は、全国平均で約90万円程度とする報告もあれば、200万円近くという報告もあり、あまり参考になりません。**予算に合わせて、実際に行う葬儀の種類や規模を決めるといいでしょう。**

一方、喪主《もしゅ》が受け取る香典の合計額についても、50万～100万円程度と、葬儀社によって実にさまざまな金額が報告されています。

近年は葬儀が簡略化され、葬儀費用も安くなっているようです。しかし、その分、参列者も減少するので、香典で葬儀費用をまかなうのは難しいと思われます。

葬儀にかかる主な費用

○ 葬儀自体にかかる費用

斎場使用料、祭壇・供物・生花代、人件費など葬儀社へ支払う費用。

○ 飲食代

通夜ぶるまい、くり上げ初七日法要の精進落としなどの料理にかかる費用。

○ お布施

読経、戒名、お車代、くり上げ初七日法要など、僧侶に渡すもの。

○ その他

寝台車（遺体運搬車）代、香典返し、位牌代、遺影加工代金、心づけ（霊柩車の運転手や火葬担当者への謝礼）、など。

Q24 葬儀費用は少しでも安いと助かります。格安の葬儀方法はありますか？

事前に準備

市民葬などを利用するといい

葬儀費用を安くするには、葬儀の種類や規模をよく検討する必要があります。

例えば、通夜《つや》、葬儀・告別式を通して**広く親戚《しんせき》や友人、知人が集まる「一般葬」ではなく、参列者を絞り込んだ10〜30人程度の規模で行う「家族葬」のほうが、費用は安くなります。**

通夜を簡略化して1日で告別式から火葬までをすませる**「一日葬」**なら、より葬儀費用は安くなります。火葬だけで儀式を終える**「直葬（火葬式）」**であれば、さらに費用を安くすることができます。

葬儀の費用として大きな割合を占めているのが、宗教儀式にかかる費用です。祭壇を飾る費用のほか、読経《どきょう》や戒名料《かいみょうりょう》といった僧侶に渡すお布施《ふせ》などがあります。そこで、宗教にこだわらない**「自由葬」**にすれば、これらの費用を抑えることができます。ただし、通常の葬儀とあまりにもかけ離れすぎると、親族から反対されることがあるかもしれません。

費用の安い葬儀には、これらのほかにも「市民葬（区民葬・町民葬）」があります。自治体が運営する公営斎場を利用し、自治体と提携している葬儀社に依頼する葬儀です。喪主《もしゅ》や故人がその自治体の住民であれば、安く利用することができます。

公営斎場には火葬場が併設されており、葬儀のあとに火葬場に移動する必要がありません。通夜、葬儀・告別式、火葬までを1ヵ所で行うことができるため、霊柩車《れいきゅう》やマイクロバスなどの手配が不要になり、その分の費用を節約できます。

ただし、公営斎場は予約が取りにくく、また、市民葬での棺《ひつぎ》や祭壇などは、民営斎場と比較すると、質素なものになります。自治体のプランの内容を変更すると割高になることもあるので、自治体の窓口や提携する葬儀社によく相談してください。

Q25 葬儀費用が足りそうもありません。工面する方法はありますか？

葬儀ローンは審査がゆるいが高金利

一般に、葬儀社への支払いは一括で行い、葬儀終了後、7～10日程度が期限とされています。

しかし、交通事故や病気の急変などで急に家族が亡くなった場合には、手持ちのお金では葬儀費用が不足してしまうこともあるでしょう。被相続人（故人）の生命保険や遺産相続には時間がかかるため、支払いに間に合わないことも考えられます。そうした場合に葬儀費用を工面するには、いくつかの方法があります。

銀行や信販会社、消費者金融などの「カードローン」は、融資までに時間がかからない一方で、金利が高い傾向にあります。銀行や信用金庫、労金、ＪＡ（農協）などの「フリーローン」は、金利は比較的低いものの、審査が厳しく、時間がかかります。葬儀社が提携する信販会社の「葬儀ローン」は、審査はゆるめですが、金利は高くなっています。

今は手持ちのお金がなくても、1ヵ月程度で葬儀費用が用意できるのであれば、クレジットカードの限度額を一時的に増額する方法もあります。一括払いで利用すれば、利子はかかりません。

これらを利用する場合には、審査が通らなかった場合も考えておく必要があります。葬儀費用が足りそうもない場合は、葬儀の規模を小さくするなどして、できるだけ葬儀費用を安く抑えましょう。

速やかに

葬儀費用を借りるなら

○ カードローン

審査から融資実行までが短期間。中には即日融資のローンもある。金利は高め。

○ フリーローン

銀行・信用金庫のフリーローンは金利は低めだが、審査が通りにくく、時間がかかる。

○ 葬儀ローン

葬儀社提携の信販会社のローン。利用審査は比較的ゆるめだが、金利は高い。

○ クレジットカードの限度額を一時的に増額

クレジットカードの限度額を一時的に増額する。一括払いなら、利子はかからない。

Q26 葬儀費用の一部は健康保険から支給されるというのは本当ですか？

葬祭費や埋葬料の給付あり

自営業などで国民健康保険に加入している人や、後期高齢者医療制度の加入者が亡くなると、葬儀を行った人に「葬祭費」が給付されます。給付額は自治体によって異なり、2万～7万円程度です。故人の住民票のある市区町村の国民健康保険課に申請します。

会社員で健康保険や協会けんぽに加入している人が亡くなった場合は、埋葬を行った人に対して5万円の「埋葬料（埋葬費）」が給付されます。故人が加入している所管の保険事務所に申請します。

葬祭費も埋葬料も、申請期限は、亡くなってから2年以内です。第3章Q42～44でくわしく解説しているので、そちらを参照してください。

2年で時効

Q27 葬儀費用に困窮したら「葬祭扶助」が受けられるそうですが、受給要件は何？

速やかに

生活保護者の救済制度

被相続人（故人）が経済的に困窮していて生活保護を受けており、葬儀のための資産を残していない場合には、生活保護法の第18条に基づいて「葬祭扶助」が支給されることがあります。

支給には条件があり、遺族も生活保護を受けていて

葬儀の費用が捻出《ねんしゅつ》できない場合や、遺族以外の人が葬儀を手配する場合などが対象です。したがって、故人が生活保護を受けていても、遺族が生活保護を受けていない場合、通常は適用されません。

給付金は自治体や年度によって異なりますが、故人が成人の場合は20万6000円程度（子供は16万4800円）の範囲内で支給されます。

Q 28

葬儀費用を亡くなった親の預金で支払うことはできますか？

速やかに

遺産分割前でも預金の払戻しは可能

かつて、銀行などの金融機関に預貯金をしている人が亡くなると、その人の銀行口座は直ちに凍結され、遺産分割が終了するまでは預貯金を引き出すことができませんでした。これは、一部の相続人が勝手に預金を引き出してしまい、一人占めするようなトラブルを防ぐために行われていました。

ところが、遺族の生活費や葬儀費用までが不足して困窮することがあったことから民法が改正され、2019年7月に**「遺産分割前の相続預金の払戻制度」が施行されました。**

この制度により、相続人はそれぞれ単独で、金融機関にある被相続人（故人）の預貯金のうち、一定の額について払い戻せるようになりました。**払戻し可能額の計算式は、「払戻し可能額＝相続開始時の預金額×1／3×払戻しを行う相続人の法定相続割合」です。**

例えば、預金が720万円、相続人が2人の子供だけの場合、子供の法定相続割合は1人につき1／2なので、各人が払い戻せる金額は、「720万円×1／3×1／2＝120万円」となります（同一銀行からの払戻し額は、相続人1人につき150万円が上限）。

ただし、金融機関に提出する書類が多いため（上の図参照）、現実的には葬儀費用の支払期日に間に合わない可能性もあります。

故人の預貯金について

払戻し可能額＝
相続開始時の預金額
×
1/3 ×
払戻しを行う
相続人の法定相続割合

● 払戻し時の必要書類

- 被相続人（故人）の出生から死亡までの戸籍謄本または全部事項証明書
- 相続人全員の戸籍謄本または全部事項証明書
- 預金を払い戻す人の本人確認書類（運転免許証など）、印鑑証明書、実印

※同一の銀行からの払戻し額は、相続人１人につき150万円が上限

Q29 「葬儀社選び」のコツは？ 手伝ってもらえる手続きが多いそうですが？

見積書を取り寄せて検討する

葬儀社を探すには、親戚《しんせき》や知人の紹介、地元紙やタウンページ（電話帳）、チラシなどが参考になります。インターネットで探す人も増えてきました。

病院で亡くなった場合は、遺体の搬送・安置のために紹介された葬儀社に、そのまま葬儀を依頼するケースが多いようです。しかし、病院と提携しているからといって、希望どおりの葬儀になるとは限りません。

まずは、複数の葬儀社に連絡して、希望する葬儀の種類や規模などを伝え、見積書を取り寄せるといいでしょう。 多くの葬儀社では、24時間・年中無休で問い合わせを受け付けています。

見積書が届いたら、合計金額だけで決めず、内容を十分に吟味《ぎんみ》してください。 多くの葬儀社では、葬儀の種類ごとにセットコースが用意されています。見積書に含まれているもの、含まれていないもの、追加や変更したときの費用など、よく確認しておきましょう。契約を急かさず、遺族の希望をよく聞いて、葬儀のプランを提案してくれる葬儀社を選びたいものです。

速やかに

葬儀社には、**死亡診断書の手配や死亡届の提出などを代行してもらうこともできます。** 特に死亡届の提出のさいは、役所で三密（密閉・密集・密接）になりがちです。新型コロナウイルスの感染対策のためにも、こうした手続きの代行を依頼するといいでしょう。

葬儀社選びのポイント

以下の項目に多く当てはまる葬儀社を選ぶといい。

- ☑わかりやすいホームページやパンフレットがある
- ☑セットコースの料金内容がわかりやすい
- ☑オプションを追加するときの料金も明確
- ☑見積もりに含まれているもの、含まれないものをていねいに説明してくれる
- ☑急かさず、遺族の希望を十分に聞いたうえで、葬儀のプランを提案してくれる
- ☑労働厚生省が認定する「葬祭ディレクター」がいる
- ☑品質保証の国際規格である「ISO9001」の取得業者

Q30 「喪主」になると葬儀でどんなことを行いますか？

主な仕事は「決定」「対応」「管理」

「喪主《もしゅ》」とは、「喪に服する主」のことで、葬儀やそのあとに続く法事など、故人の祭祀《さいし》を取り仕切る遺族の代表者です。

被相続人（故人）から見て、最も近しい関係の人物が喪主を務めますが、一般には、故人の配偶者や長男が喪主となります。該当する人物がいない場合には、故人の次男以降の直系の男子→長女→次女以降の直系の女子→両親→兄弟姉妹の順で、喪主を決めます。

喪主の決め方には、法律的な定めはありません。故人が生前に喪主を指定している場合は、慣習にこだわらずにその人に喪主を務めてもらうといいでしょう。故人に配偶者や血縁者がいない場合には、友人や近隣者などが喪主を務めることもあります。

喪主の主な仕事は、①葬儀全般の決定、②弔問客《ちょうもん》・僧侶への対応、③お金の管理の大きく3つに分けられます（上の表参照）。遺族の意向を取りまとめ、葬儀内容や日時などを最終決定し、弔問客や僧侶への対応を行い、お布施や香典などのお金の管理を行います。

葬儀全般の進行については、葬儀社が行ってくれますが、滞りなく葬儀を進めるためには喪主が重要な役割を担っています。とはいえ、喪主に仕事が集中しすぎないよう、親族で役割分担を決めておくといいでしょう。

速やかに

喪主の主な仕事

①葬儀全般の決定
- 親戚、知人・友人、僧侶などへの連絡
- 葬儀社の決定
- 通夜や葬儀の日時の決定
- 葬儀内容の決定　など

②弔問客・僧侶への対応
- 弔問客への応対
- 僧侶への応対
- 通夜、葬儀でのあいさつ　など

③お金の管理
- 香典の集計、管理
- お布施の支払い
- 霊柩車運転手、火葬場担当者への心づけ
- 葬儀代の支払い　など

Q 31

「法要」はどんな流れで行われますか？

葬儀後の最大儀式は四十九日法要

法要には、日単位で区切られた「中陰《ちゅういん》法要」や、年単位で区切られた「年忌《ねんき》法要」などがあります。近年、法要は簡略化される傾向にあり、葬儀・告別式後に「くり上げ初七日法要」を行うことも少なくありません。

そのため、逝去《せいきょ》から49日めに行う「四十九日法要」が、中陰法要の中では最大の儀式となります。菩提《ぼだい》寺や自宅などに遺族や親戚《しんせき》が集まり、僧侶の読経《どきょう》のあとに会食を行います。お墓がある場合には、納骨（埋葬）を行います。四十九日は、「七七日（しちしちにち、なななぬか、などと読む）」ともいわれ、慶事を慎む忌中《きちゅう》が明ける日（忌明け）とされています。

最初の年忌法要は、1年めの命日までに行う「一周忌」です。四十九日の法要と同様、遺族や親族が集まって、僧侶による読経のあとに会食します。命日に法要ができないときは、前倒しで行います。一周忌を終えると、「喪明け（喪に服する期間が明ける）」となります。

その翌年（2年め）が「三回忌」で、6年めに「七回忌」、12年めに「十三回忌」と続きます（上の図参照）。

二十三回忌以降は宗教の宗派や地域によっても異なります。二十三回忌と二十七回忌を行わず二十五回忌を行う場合や、反対に二十五回忌だけを行わない場合などさまざまです。五十回忌のあとは、50年ごとに法要を行うのが仏教でのしきたりです。

主な法要の流れ

7日め	**初七日**
49日め	**四十九日（七七日）**
1年めの命日	**一周忌**
2年めの命日	**三回忌**
6年めの命日	**七回忌**
12年めの命日	**十三回忌**
16年めの命日	**十七回忌**
22年めの命日	**二十三回忌**
24年めの命日	**二十五回忌**
26年めの命日	**二十七回忌**
32年めの命日	**三十三回忌**
49年めの命日	**五十回忌**

※「初七日」は、葬儀当日にくり上げて行われることが多い

※逝去から7日ごとに行われる「二七日、三七日、四七日、五七日、六七日」の法要は簡略化される傾向にある

事情に応じて

第3章

[葬儀後]速やかに行う手続きについての疑問18

東池袋法律事務所
弁護士 根本達矢《ねもとたつや》

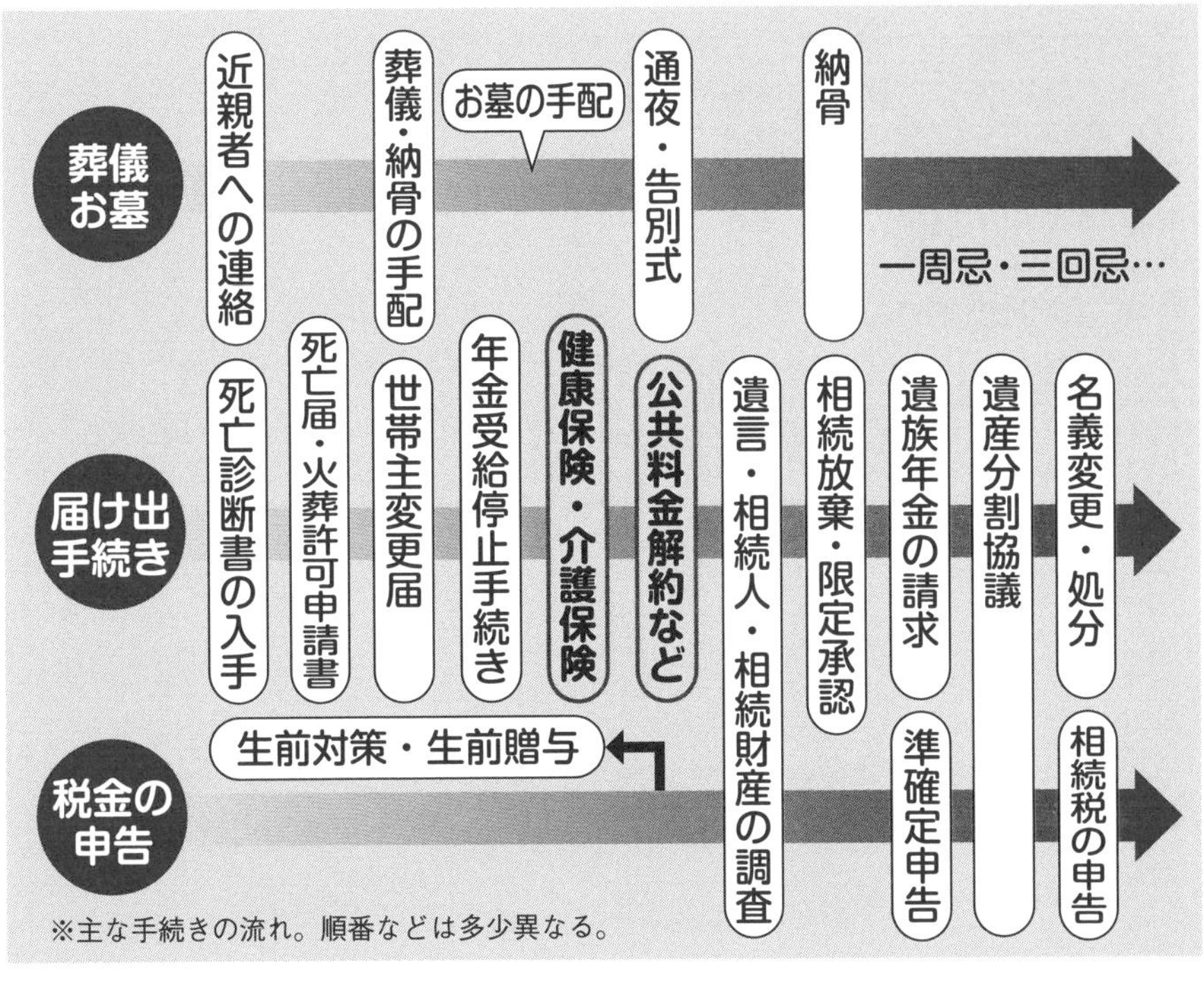
葬儀
お墓
届け出
手続き
税金の
申告
近親者への連絡
葬儀・納骨の手配
お墓の手配
通夜・告別式
納骨
一周忌・三回忌…
死亡診断書の入手
死亡届・火葬許可申請書
世帯主変更届
年金受給停止手続き
健康保険・介護保険
公共料金解約など
遺言・相続人・相続財産の調査
相続放棄・限定承認
遺族年金の請求
遺産分割協議
名義変更・処分
生前対策・生前贈与
準確定申告
相続税の申告
※主な手続きの流れ。順番などは多少異なる。

届け出一つでお金がもらえる！急ぐ必要はないが時効に要注意！

通夜・葬式と大変だったなマス夫くん
いやーどうも
下村ヨネ・88歳
長女の夫・マス夫
次男・達郎
長男・万作
まだいろんな手続きが残ってるわよあなた
えーっいろんな手続きって何？
教えてあげようマス夫くん
長女・ササ美
あ あなたはアイゾク博士
ソーゾクじゃ
相続博士
◆ 公共料金（電気・ガス・水道・NHK）の変更・解約
◆ 電話加入権の相続
◆ 携帯電話・インターネット・クレジットカードの解約
◆ 必要に応じて運転免許証やパスポートなどの返納
◉ 葬祭費・埋葬料の請求
◉ 高額療養費の払戻し申請
◉ 所得税の準確定申告
◉ 遺族年金の請求
◉ 事業引継ぎの申請　など
葬儀後に行う手続きはこのとおりじゃ
ええっこんなに!?
ヨネさんの場合赤字で記した項目は不要のようじゃの
そうね公共料金は主人が払っているし携帯電話もパソコンも持ってない遺族年金も事業引継ぎも関係ないわ
おおやるのは2つだけ！簡単じゃないか
ホッ

待てよ 準確定申告というのは？
確定申告の必要な人が亡くなったときに行う手続きじゃ
多額の医療費を払ったり副収入があったりする場合届け出るとお金が遺族に戻ってくる
確定申告を毎年行っている人は多いから現役世代が亡くなった場合は忘れないように注意すべきじゃ
ほかにも届け出をすればお金がもらえる手続きがある
遺族年金だな
そう 遺族の生活を支えてくれる年金じゃ
あとは葬祭費・埋葬料…
それと高額療養費の払戻しだな
この2つの手続きはヨネさんの場合絶対に必要じゃ
母さんは認知症で多額の医療費や介護費を払ったから数十万円は戻ってくるわ
葬祭費・埋葬料というのは？
国民健康保険・後期高齢者医療制度に加入していた場合は葬祭費が
会社員等の健康保険に加入していた場合は埋葬料が支給される
母さんは75歳以上の後期高齢者だから葬祭費ね
88じゃ
5万円程度じゃの
手続きを急ぐ必要はないが葬祭費も高額療養費も時効は2年じゃ忘れないようにのぉ
あなた しっかり頼んだわよ
わかったよ〜

Q32 葬儀後、速やかに行う手続きにはどんなものがありますか？

7日〜2年

公共料金の手続きを優先する

葬儀が終わったら、被相続人（故人）のさまざまな契約の整理などを行います。

具体的には、生前に契約していた公共料金やクレジットカードの変更・解約、身分証明書の返納、市区町村役場や税務署での各種手続きです。くわしくは、左㌻の表を参照してください。

これらのうち**最初に行うべきことは、公共料金やクレジットカードの変更・解約です。**金融機関に預けている故人の口座が凍結されると、公共料金やクレジットカードの代金が引き落とされなくなります。同居している家族がいる場合は、電気・ガス・水道、ＮＨＫ、インターネット、固定電話などを引き続き使う必要があるため、誰が代わりに契約を引き継ぐのかを伝え、変更の手続きをしなければなりません。

最近は、公共料金の決済が預金引落しではなく、クレジットカード払いという人も増えています。故人がクレジットカードを持っていた場合は、速やかにカード会社へ連絡を取ることも肝心です。

なお、故人が一人暮らしだった場合は、基本的にいずれの契約も解約することになります。

次に、**運転免許証やパスポート、マイナンバーカードの管理を適切に行います**（くわしくはＱ38参照）。

故人が生前に一定以上の所得などがあった場合は、4ヵ月以内に税務署で**所得税の準確定申告**をする必要があります。故人の事業を引き継ぐことになったときには、その申請を行わなければなりません。相続税が発生する場合には、その申告も必要になります。

葬祭費、埋葬料、高額療養費の申請は任意ですが、忘れずに行いましょう（2年で時効）。

ほかにも、結婚前の名字に戻したり（Ｑ47参照）、故人の親族との関係を終了させたりする（Ｑ48参照）ときには市区町村役場に届け出をすることになります。

葬儀後に行う手続き一覧

	手続きの内容	手続き先	掲載ページ
電気・ガス・水道	変更・解約	電力会社・ ガス会社・水道局	64ページ
NHK	変更・解約	NHK	64ページ
インターネット	変更・解約	各社	65ページ～
携帯電話・スマホ	解約など	各社	65ページ
固定電話（加入権）	相続など	NTT	67ページ
運転免許証	返納など	警察署	67ページ
パスポート	返納など	パスポート センター	67ページ
マイナンバーカード	保管・破棄	市区町村役場	67ページ
クレジットカード	解約	各社	68ページ
準確定申告	申告	税務署	69ページ
葬祭費	請求申請	市区町村役場	72ページ～
埋葬料	請求申請	市区町村役場	74ページ
高額療養費	払戻し申請	協会けんぽ支部	75ページ
高額介護サービス	払戻し申請	市区町村役場	76ページ
旧姓に戻す手続き	届け出	市区町村役場	77ページ～
姻族関係を 終了する手続き	届け出	市区町村役場	79ページ
故人の事業を 引き継ぐ手続き	申請	税務署	79ページ～
相続税の申告	申告	税務署	第8章

Q33 電気・ガス・水道・NHKの解約または変更の手続きはどう行いますか？

速やかに

電話かインターネットで手続きする

通常、電気・ガス・水道などの公共料金の手続きは、電話もしくはインターネットで行います。

まず、**電話で手続きする場合、電気・ガスは各小売事業者**（東京電力や東京ガスなど）、**水道は水道局、NHKはNHKふれあいセンターに連絡します。**そして、契約者が死亡したことを伝えて、解約あるいは契約者の名義変更の手続きを行うことになります。

次に、**インターネットで手続きする場合は、ホームページにアクセスするか、スマートフォン**（スマホ）**の専用アプリを利用します。**事業者ごとにホームページやアプリの内容は違いますが、通常は会員登録したうえでログインし、マイページ（個人情報の画面）などで手続きすることになります。

なお、名義変更を選んだときは、支払い方法の変更の手続きも行わなければなりません。

これらの解約・名義変更の手続きを行うさい、**未納分の料金があれば、家族が代わりに支払うことになります。**これは、携帯電話・スマホ・固定電話・インターネットの解約・名義変更でも同じです。

パソコンやスマホでも手続き可能

現在、公共料金の解約・変更の手続きは、パソコンを使えばインターネットで簡単に行える。スマートフォン（スマホ）の場合は、公式アプリが用意されていることもある。

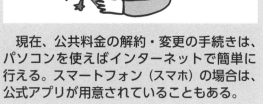

Q34 スマホやインターネットの解約または変更の手続きはどう行いますか？

速やかに

携帯電話・スマホ、インターネットの回線・プロバイダは解約しない限り、月々の料金がかかりつづけることになります。契約を引き継がない場合には、速やかに解約の手続きを行ってください。

なるべく早く手続きすることが肝心

まず、**携帯電話やスマートフォン（スマホ）を解約・変更する手続きは、契約している通信事業者のサポート窓口（携帯ショップなど）で行います。**そのさい、契約している携帯電話・スマホの本体や、死亡の事実が確認できる戸籍謄本、除籍謄本、住民票などの公的な書類が必要になります。

さらに、手続きする家族が窓口で身分証明書の提示や、押印を求められることもあります。前もって通信事業者に問い合わせて必要なものを確認しておくようにしましょう。

次に、**インターネットの解約・変更の手続きについては、回線事業者・プロバイダに電話をするか、ホームページの「お問い合わせフォーム」から連絡を取ります。**そのうえで、申込書や戸籍謄本などの書類を提出し、手続きを進めることになります。

携帯ショップで手続きできる

携帯電話・スマホの解約・変更の手続きは、携帯ショップで行える。ただし、公的書類の提出などが求められるので、あらかじめ何が必要なのかを問い合わせたほうがいい。

Q35 インターネット上のサービスを利用する権利「アカウント」は解除できますか？

速やかに

解約すればアカウントは解除される

インターネットに接続するために必要な「アカウント」は、回線事業者・プロバイダとの契約を解約すると、その時点で解除となります（インターネットの解約についてはQ34参照）。

アカウントが解除されると、インターネットに接続できなくなるだけでなく、割り当てられていたメールアドレスも使えなくなります。また、いったん解約して使えなくなったメールアドレスは、再び取得できないことがほとんどなので注意してください。

同居している家族が、回線事業者・プロバイダとの契約を引き継いで名義変更した場合は、アカウントや割り当てられたメールアドレスはそのまま使えます。

Q36 インターネット上の課金システム「サブスク」は引き継げますか？

速やかに

サブスクは個別に契約するサービス

最近は、定額料金で有料サービスが使いたいほうだいになる「サブスクリプション（サブスク）」というインターネット上の課金システムが広まっています。

通常、サブスクは、契約者が死亡したら解約となります。遺族がそのサブスクを利用したければ、個別に契約することになり、引き継ぎは行われません。

なお、サブスクの年会費が課金されていて、途中で契約者が死亡したときは、相続人が解約を申し出ると残り期間分の返金を求めることができます。

サブスク大手のａｍａｚｏｎ《アマゾン》は、クレジットカードで年会費を納めた会員が亡くなったら、死亡証明ができる場合に限って差額の返金に応じるとしています。

Q37 NTTの「電話加入権」は引き継ぐメリットがありますか？

速やかに

同居していなければメリットはない

NTTの電話加入権（2021年の時点で新規加入時に3万9600円かかる）は、**かつては数万円で売却できましたが、現在は数百円程度にしかなりません。**携帯電話やインターネットフォンなどの電話加入権を必要としない通話手段が増え、需要が激減したためです。

しかも、電話加入権は、利用を休止すると2200円の工事費がかかります。**使う予定がないなら、引き継がずに解約したほうがいいでしょう。**

とはいえ、同居家族が、使い慣れた固定電話を継続して使いたい、と希望することも多いものです。被相続人（故人）の電話加入権を引き継ぐ場合は、NTTに連絡して承継の手続きをします。

Q38 運転免許証・パスポート・マイナンバーカードは返却が必要ですか？

速やかに

防犯上、放置してはいけない

運転免許証は、更新期限を過ぎたら自動的に失効しますが、悪用されないように警察署や運転免許センターに返納しましょう。そのさい、死亡の事実が確認できる書類（死亡診断書や戸籍謄本）の提出が必要です。

パスポートも悪用を防ぐために、返納することをおすすめします。前述の死亡の事実が確認できる書類を持参し（パスポートの有効期限が過ぎている場合は不要）、パスポートセンターで手続きをします。

マイナンバーカードや通知カードは死亡届の提出で自動的に失効するため、返納する必要はありません。ただし、相続や納税、保険金の支払いなどで提示を求められることがあるので、しばらくは保管しておきましょう。

Q39 クレジットカードの未払金がありました。解約できますか？

相続人は未払金を支払う義務を負う

クレジットカードの代金は、1回払いの場合、利用した翌月か翌々月に銀行口座から引き落とされます。また、被相続人（故人）が分割払い、ボーナス払い、リボ払いを利用していた場合、数ヵ月分、あるいは数十ヵ月分の未払金が残っている可能性があります。

そうした**未払金は、本人が亡くなったからといって免責になるわけではありません。原則として相続人が代わりに支払いの義務を負います**（一部に免責の特約がつくクレジットカードもある）。

しかも、本人の死亡後もクレジットカードは有効であるため、放置していると年会費がかかるほか、不正利用されるおそれもあります。また、クレジットカードは相続することができません。ですから、**被相続人（故人）の所有物の中にクレジットカードを見つけたら、すぐにカード会社に連絡して解約し、債務残高を確認しましょう。**解約の手続きには、戸籍謄本や除籍謄本、死亡診断書などが必要になります。

債務残高がゼロなら、解約するだけで手続きは終了します。しかし、未払金が残っている場合には相続人が一括で支払わなければなりません。

なお、法定相続人が相続放棄をしたらクレジットカードの未払金の支払いは免除されます。

ところで、クレジットカードの解約では、いくつか注意しなければならないことがあります。

まず、**電気、ガス、水道、携帯電話、インターネットなどの料金をクレジットカードで払っている場合は、解約前に支払方法を変更する必要があります。**

次に、**クレジットカードを解約すると家族カードやETCカードが使えなくなります。**

こうしたことを念頭に置いて解約しないと、同居家族が生活に支障をきたすことがあります。特に、公共料金の支払いがある場合は十分に気をつけましょう。

速やかに

Q40 所得税の代理手続き「準確定申告」を行うと還付金をもらえるというのは本当？

4ヵ月以内

還付を受けられるケースもある

確定申告を必要とする人が亡くなると、**相続人か包括受遺者（遺言によって遺贈を受けた人）が代わりに被相続人（故人）の名義で所得税の申告を行わなければなりません。これを「準確定申告」といいます。**

所得税は、その年の1月1日から12月31日までの課税所得に対してかかる税金です。ですから、確定申告が必要な人が亡くなった場合、1月1日から亡くなるまでの分の所得税を申告することになります。

とはいえ、確定申告を行うことの主な目的は、納税というよりも、収入から天引きされた源泉徴収税（収入の10・21％）の還付を受けることにあります。そもそも源泉徴収税は、実際に確定する所得税よりも高いことが多いので、税金の取られすぎを防ぐためにも正しい所得税を税務署に申告することが肝心です。

準確定申告を行ったほうがいいのは、自営業者、賃貸アパート・賃貸マンションの大家、年間収入が2000万円以上の給与所得者、2ヵ所以上から給与を得ている人、一定以上の公的年金を得ている人などが亡くなった場合です。

なお、年金生活の高齢者で、死亡後に準確定申告が必要になるのは、公的年金等の年間収入が400万円以上で、ほかの所得も20万円以上ある場合です。

故人がこれらの条件に当てはまるなら、提出書類をそろえて準確定申告を行ってください（Q41参照）。

準確定申告で還付を受けられるケース

- 故人が個人事業主だった場合
- 故人が不動産を賃貸していた場合
- 故人が公的年金を受給していた場合
- 故人が多額の医療費を支払っていた場合
- 故人が複数の会社から給与をもらっていた場合
- 故人に給与や退職金以外の所得がある場合

Q41 準確定申告はどのように行いますか？ 申告書はどう書いたらいいですか？

4ヵ月以内に税務署へ申告する

準確定申告では、通常と同じ確定申告書B様式（第1表・第2表）のほか、付表（兼相続人の代表者指定届出書）を、添付書類（源泉徴収票・控除証明書）とともに納税地の所轄税務署へ提出します。確定申告書や付表は、税務署の窓口で受け取るか、国税庁のホームページからダウンロードして入手します。

添付書類は、勤務先や取引先、年金事務所、市区町村役場、保険会社などに連絡して集めることになります。

確定申告書の第1表では、収入金額などから所得金額を割り出し、各種控除を差し引いて納める税額、または還付される税額を計算します。これによって税額が決まり、還付を受けられるかどうかが判断されます。

確定申告書の第2表には、所得の内訳、保険料控除に関する事項などを記入します。収入金額、源泉徴収税額、控除額などは、添付書類の源泉徴収票や控除証明書の内容に合わせて記入しなければなりません。

第1表・第2表の表題部には、いずれも「準確定申告書」とわかるように、「準」を書き加えます。

それぞれのくわしい書き方については、申告書とセットで配布されている小冊子「確定申告の手引き」で説明されています。

付表には、主に相続人に関することや納付する税額（黒字の場合）、あるいは還付される税額（赤字の場合）などを記入します。付表の記入例を左の゚ーにまとめたので参考にしてください。

準確定申告は、相続の開始があったことを知った日の翌日から4ヵ月以内に行います。通常の確定申告の提出期間（原則2月16日から3月15日）とは違っているので注意してください。

なお、添付書類として提出する源泉徴収票や控除証明書の手配にはかなり時間がかかります。早めに集めて、期限内に申告できるように用意しましょう。

4ヵ月以内

準確定申告で提出する、付表の記入例

令和
死亡した者の＿▲＿年分の所得税及び復興特別所得税の確定申告書付表
（兼相続人の代表者指定届出書）

受付印

1 死亡した者の住所・氏名等			
住所 (〒105-1111) 東京都港区虎ノ門▲-■-×	氏名 フリガナ ブンキョウタロウ 文響 太郎	死亡年月日	平成・令和(○) ▲年 8月 1日
2 死亡した者の納める税金又は還付される税金	〔第3期分の税額〕〔還付される税金のときは頭部に△印を付けてください。〕	△854,000円…A	
3 相続人等の代表者の指定	〔代表者を指定されるときは、右にその代表者の氏名を書いてください。〕	相続人等の代表者の氏名	文響 花子
4 限定承認の有無	〔相続人等が限定承認をしているときは、右の「限定承認」の文字を○で囲んでください。〕		限定承認

項目				
5 相続人等に関する事項 (1) 住所	(〒105-1111) 東京都港区虎ノ門▲-■-×	(〒173-0021) 東京都板橋区弥生町■-×	(〒 -)	(〒 -)
(2) 氏名	フリガナ ブンキョウハナコ 文響 花子	フリガナ ブンキョウイチロウ 文響 一郎	フリガナ	フリガナ
(3) 個人番号	0000 0000 XXXX	1111 1111 XXXX		
(4) 職業及び被相続人との続柄	職業 主婦 続柄 妻	職業 会社員 続柄 長男	職業 続柄	職業 続柄
(5) 生年月日	明・大・昭(○)・平・令 35年 11月 1日	明・大・昭(○)・平・令 63年 5月 29日	明・大・昭・平・令 年 月 日	明・大・昭・平・令 年 月 日
(6) 電話番号	03-0000-XXXX	03-1111-XXXX	- -	- -
(7) 相続分…B	法定(○)・指定 1/2	法定(○)・指定 1/2	法定・指定	法定・指定
(8) 相続財産の価額	10,000,000円	10,000,000円	円	円
6 納める税金等 Aが黒字のとき 各人の納付税額 A×B（各人の100円未満の端数切捨て）	00円	00円	00円	00円
Aが赤字のとき 各人の還付金額（各人の1円未満の端数切捨て）	△427,000円	△427,000円	円	円
7 還付される税金の受取場所 銀行等の預金口座に振込みを希望する場合 銀行名等	うさぎ 銀行(○)・金庫・組合・農協・漁協	めだか 銀行(○)・金庫・組合・農協・漁協	銀行・金庫・組合・農協・漁協	銀行・金庫・組合・農協・漁協
支店名等	品川 本店・支店(○)・出張所・本所・支所	池袋 本店・支店(○)・出張所・本所・支所	本店・支店・出張所・本所・支所	本店・支店・出張所・本所・支所
預金の種類	普通 預金	普通 預金	預金	預金
口座番号	123-1231231	456-4564564		
ゆうちょ銀行の口座に振込みを希望する場合 貯金口座の記号番号	-	-	-	-
郵便局等の窓口受取りを希望する場合 郵便局名等				

（注）「5 相続人等に関する事項」以降については、相続を放棄した人は記入の必要はありません。

税務署整理欄					
整理番号		0	0	0	0
番号確認	身元確認	□済 □未済	□済 □未済	□済 □未済	□済 □未済

一連番号

○この付表は、申告書と一緒に提出してください。

納める税額、または還付される税額の合計を記入する

相続人等の代表者の氏名を記入する

相続分や納める税額、または還付される税額を相続人の数だけ個別に記入する

Q42 国民健康保険に入っていた場合、葬儀費用の補助「葬祭費」が出るそうですが？

告別式などの葬祭を行えばもらえる

被相続人（故人）が国民健康保険に加入していて、葬儀が行われた場合、喪主《もしゅ》（葬祭執行者）などに葬儀費用の補助として「葬祭費」が支給されます。

葬祭費の支給額は2万～7万円で、市区町村ごとに違っています（下の表参照）。最も高いのは東京都23区の一律7万円。ほかは5万円のところが多く、北海道や四国、沖縄県などは2万～3万円となっています。

葬祭費の申請は、故人が住んでいた市区町村役場で行います。申請に必要なものは、申請書（窓口でもらう）、葬儀にかかった費用の領収書、申請者の身分証明書、口座番号、印鑑などです。

申請期限は、葬儀を行った翌日から2年以内となっています（2年を過ぎたら時効）。なお、喪主がなんらかの事情で申請できない場合は、第三者に委任することで代わりに申請してもらえます。

主な都市の葬祭費

北海道・札幌市	3万円	石川県・金沢市	5万円
宮城県・仙台市	5万円	京都府・京都市	5万円
新潟県・新潟市	5万円	大阪府・大阪市	5万円
茨城県・水戸市	5万円	兵庫県・神戸市	5万円
東京都・23区	7万円	岡山県・岡山市	5万円
埼玉県・さいたま市	5万円	広島県・広島市	3万円
千葉県・千葉市	5万円	愛媛県・松山市	2万円
神奈川県・横浜市	5万円	高知県・高知市	3万円
静岡県・静岡市	5万円	福岡県・福岡市	3万円
愛知県・名古屋市	5万円	熊本県・熊本市	2万円
長野県・長野市	5万円	沖縄県・那覇市	2.5万円

2年で時効

葬祭費の申請では、いくつか注意しなければならないことがあります。

まず、**葬祭費の支給対象となるのは、原則として告別式などの葬祭を行った場合です。直葬や火葬式のように、火葬だけで葬儀をすませた場合は葬祭と見なされないことが多いようです**（東京都23区の一部や神奈川県相模原市など火葬のみで申請可の自治体もある）。火葬のみでは不可でも、提出する領収書に「お別れ会」と書かれていればOKになることもあるので、自治体の窓口に問い合わせてみるといいでしょう。

次に、故人が勤務先を退職してから3ヵ月以内に死亡した場合は、在職中に加入していた健康保険から埋葬料（Q44参照）が支給されるため、国民健康保険の葬祭費は申請できません。

ほかに、死亡原因によっては葬祭費が支給されないこともあります。一般的に、葬祭費が支給されるのは病気や自損事故で亡くなった場合です。他方、交通事故（自損事故を除く）、傷害などの第三者行為、公害健康被害が原因で亡くなり、加害者から葬祭費用の賠償を受けている場合、葬祭費は支給されません。

Q43 後期高齢者だった亡き父の場合は「葬祭費」をもらうことができませんか？

後期高齢者医療制度から支給される

75歳以上の後期高齢者（あるいは65歳以上で寝たきりの人）は、国民健康保険とは別の医療保険制度である「後期高齢者医療制度」に加入することになります。

被相続人（故人）が後期高齢者医療制度に加入しており、葬祭（告別式など）を行った人（喪主《もしゅ》）が市区町村役場に申請すれば、「葬祭費」が支給されます。

2年で時効

申請できるのは、葬儀を行った翌日から2年間。喪主以外でも、委任状と身分証明書があれば葬祭費を申請できます。支給額は2万~7万円となっています。

後期高齢者医療制度は、国民健康保険から完全に独立した医療保険制度ですが、葬祭費の申請方法や支給額、申請期限は75歳未満の場合と同じです。

Q44 会社員だった亡き夫には「埋葬料」が出るそうですが、どんな手続きが必要？

2年で時効

協会けんぽか健康保険組合に申請する

「埋葬料」は、会社員などが加入する協会けんぽ（全国健康保険協会）や健康保険組合の被保険者が亡くなったときに葬儀費用の一部として支払われる給付金です。

被相続人（故人）によって生活が維持され、埋葬した人が、死亡の翌日から2年以内に埋葬料を申請できます。一般的には、家族が葬儀を行い、埋葬料を申請することになります。支給額は、全国一律5万円です。

申請の手続きは、健康保険埋葬料（費）支給申請書、健康保険証、葬儀費用の領収書、死亡診断書などを協会けんぽ、または健康保険組合に提出します。

埋葬料を申請できる家族などがいない場合は、代わりに埋葬した人が「埋葬費」を請求できます。埋葬費は埋葬の翌日から2年以内に申請でき、埋葬にかかった実費分が5万円の範囲内で支給されます。

なお、仕事中もしくは通勤中の事故や災害で亡くなったときには、労災保険から「葬祭料（葬祭給付）」が給付されます。その場合、協会けんぽや健康保険組合から埋葬料・埋葬費は給付されません。

埋葬料と埋葬費の違い

	埋葬料	埋葬費
提出先	故人の勤務先の協会けんぽ、もしくは健康保険組合	故人の勤務先の協会けんぽ、もしくは健康保険組合
申請できる人	故人によって生計を維持され、埋葬を行った人	埋葬料の該当者がおらず、実際に埋葬を行った人
申請に必要なもの	申請書 、保険証、葬儀の領収書、死亡診断書など	申請書、保険証、葬儀の領収書、死亡診断書など
申請期限	死亡した翌日から2年以内	埋葬の翌日から2年以内
支給額	5万円	埋葬にかかった費用のうちの5万円以内

Q45 亡き母は多額の医療費を払いました。「高額療養費」の払戻しは受けられますか？

2年で時効

負担上限額の超過分が払い戻される

国民健康保険、後期高齢者医療制度、協会けんぽ、健康保険組合の加入者は、医療費の自己負担額が高額になった場合、上限額を超えた自己負担額の払戻しを受けられます。これを「高額療養費制度」といいます。

この制度で払戻しを受けられるのは、月の初めから終わりまでに支払った保険診療の自己負担分です。入院中の食費負担や差額ベッド代は対象になりません。

毎月の上限額は、加入者の年齢（70歳以上と70歳未満で区分）や、加入者の所得水準によって違います。多くの高齢者が該当する、70歳以上の自己負担上限額を下の表にまとめたので参考にしてください。

例えば、78歳の一般所得者が入院中に死亡し、支払った医療費のうち、その月の自己負担分が50万円だったとします。この場合、自己負担分から上限額5万7600円を引いた44万2400円が払い戻されます。

高額療養費の自己負担上限額（70歳以上の場合の月額）

所得区分	外来（個人ごと）	外来＋入院（世帯ごと）
現役並み所得者Ⅲ ※1	25万2,600円＋(総医療費 － 84万2,000円)×1% [多数該当：14万100円]	
現役並み所得者Ⅱ ※2	16万7,400円＋(総医療費 － 55万8,000円)×1% [多数該当：9万3,000円]	
現役並み所得者Ⅰ ※3	8万100円＋（総医療費 － 26万7,000円）×1% [多数該当：4万4,400円]	
一般所得者 ※4	1万8,000円 （年上限14万4,000円）	5万7,600円 [多数該当：4万4,400円]
低所得者Ⅱ ※5	8,000円	2万4,600円
低所得者Ⅰ ※6		1万5,000円

※1……標準報酬月額83万円以上で高齢受給者証の負担割合が3割の人
※2……標準報酬月額53万～79万円で高齢受給者証の負担割合が3割の人
※3……標準報酬月額28万～50万円で高齢受給者証の負担割合が3割の人
※4……現役並み所得者、低所得者以外
※5……市町村民税の非課税者等
※6……被保険者とその扶養家族に所得がない場合

Q46 亡き祖母が払った介護費は「高額介護サービス費」申請で戻るというのは本当？

2年で時効

自己負担上限額を超えていれば戻る

被相続人（故人）が生前、介護保険の介護サービスを利用し、同じ月に自己負担上限額を超えて料金を支払っていた場合、相続人は「高額介護サービス費」として超過分の払戻しを申請できます。

高額介護サービス費の自己負担上限額は、下の表のとおりです。例えば、故人の課税所得が380万円で同じ月に介護保険サービスの料金として20万円を支払っていた場合、10万7000円が払い戻されます。

故人が介護サービスを利用していた場合、被保険者証を市区町村役場に返却するさいに自己負担上限額を超えている月はないか、確認するといいでしょう。

なお、2021年8月利用分から負担上限額が見直され、所得区分に課税所得380万円以上と課税所得690万円以上が新設されました。これは、利用者の収入に応じた負担を図るための見直しです。

高額介護サービス費の自己負担上限額

所得区分	自己負担上限額（月額）
課税所得690万円（年収約1,160万円）以上	14万100円（世帯）
課税所得380万円（年収約770万円）～690万円（年収約1,160 万円）未満	9万3,000円（世帯）
課税所得380万円（年収約770万円）未満	4万4,400円（世帯）
世帯の全員が市町村民税非課税	2万4,600円（世帯）
前年の公的年金等収入金額＋その他の合計所得金額の合計が80万円以下など	2万4,600円（世帯） 1万5,000円（個人）
生活保護を受給しているなど	1万5,000円（世帯）

Q47 夫の死亡により結婚前の名字「旧姓」に戻すには、どんな手続きが必要ですか？

随時

「復氏届」の提出が必要になる

婚姻《こんいん》によって名字が変わった人は、配偶者が亡くなったあと、旧姓に戻すことができます。このように、**名字を旧姓に戻すことを「復氏《ふくうじ》」といいます。**

復氏を希望する場合は、死亡届の提出後、市区町村役場に「復氏届」を提出します。すると、亡くなった配偶者の戸籍から抜け、旧姓に戻ることになります。

名字が変わっても離婚になるわけではないので、相続人としての地位や権利は保たれます。また、亡くなった配偶者の親族（姻族）との関係も継続します（姻族関係を終了する手続きはQ48参照）。

なお、手続き後、旧姓に戻っても、子供の名字はそのままです。**子供の名字を自分と同じ旧姓に変えたいときは、家庭裁判所に「子の氏の変更許可申立書」を提出します。そして、許可審判を受けてから入籍届を提出し、子供を自分と同じ戸籍に移します。**

結婚前の名字に戻す方法

	配偶者の場合	子供の場合
やり方	復氏届を提出する	氏の変更許可申立書を家庭裁判所に提出。許可審判を受けたあと、入籍届を提出して戸籍を移す
申請・申立をする人	本人	本人 ※子供が15歳未満なら法定代理人が申し立てる
申請・申立に必要なもの	復氏届、戸籍謄本など	申立書、子供の戸籍謄本、父母の戸籍謄本、申立費用（800円の収入印紙、郵便切手）など
提出先	配偶者の本籍地、または住所地の市区町村役場	子供の住所地の家庭裁判所
期限	なし	なし

復氏届の記入例

復　氏　届

令和 ▲年 9月 15日 届出

港区 長 殿

受理 令和　年　月　日 第　号	発送 令和 ▲ 年 9 月 15 日
送付 令和　年　月　日 第　号	港区 長 印

書類調査	戸籍記載	記載調査	附票	住民票	通知

（よみかた）	ぶんきょう	はなこ	
復氏する人の氏名	氏 文響	名 花子	昭和35年11月1日生
住所（住民登録をしているところ）	東京都港区虎ノ門▲-■-× 番地 番 号		
	世帯主の氏名 文響 花子		
本籍	東京都豊島区西池袋▲-■-×		
	筆頭者の氏名 文響 太郎		
復する氏 父母の氏名 父母との続き柄	氏（よみかた）わかさ 若狭	父 若狭 博 母 松子	続き柄 長 □男 ☑女
復氏した後の本籍	□もとの戸籍にもどる　☑新しい戸籍をつくる	（よみかた）	
	東京都港区虎ノ門▲-■-× 番地 番	筆頭者の氏名 若狭 花子	
死亡した配偶者	氏名 文響 太郎	令和▲年 8月 1日死亡	
その他			
届出人署名押印	文響 花子	印（文響）	

字訂正
字加入
字削除

届出印

住定年月日　・　・

日中連絡のとれるところ
電話（　　）
自宅 勤務先 呼出（　　方）

届出人の現在の氏名を記入する

届出人の本籍地、筆頭者氏名を記入する

復氏後、婚姻前の戸籍に戻る場合は、「もとの戸籍にもどる」に ✓ を入れる

復氏後、新たな戸籍編製をする場合は、「新しい戸籍をつくる」に ✓ を入れる

届出人の父母の氏名を記入する（現在、婚姻中の場合、母の氏は書かない）

復氏する氏（婚姻前の氏）を記入する

復氏前の氏で署名する

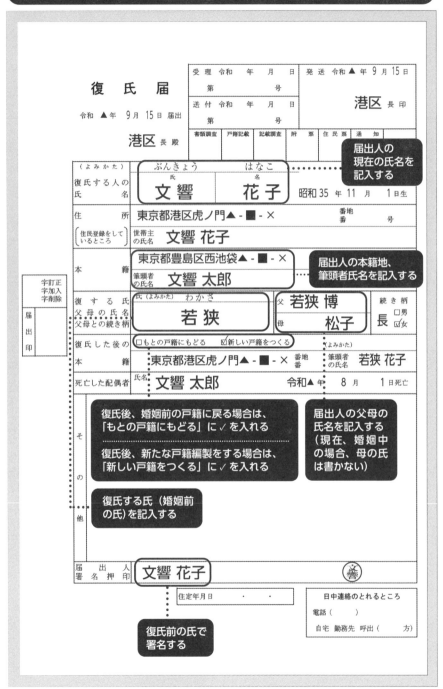

Q48 亡くなった配偶者の親族との関係を終了させることはできますか？

随時

姻族関係終了届を提出すればいい

配偶者が亡くなったら夫婦の婚姻《こんいん》関係は終了しますが、相手方の父母など姻族との関係はそのまま続きます。姻族関係は、**「姻族関係終了届」**を本籍地か現住所の市区町村役場に提出すれば解消します。これを**「死後離婚」**ともいいます。姻族関係終了届に姻族の同意、署名は必要なく、単独で行えます。

姻族関係が終了すると、亡くなった配偶者の父母の扶養義務（互助義務）を負わなくなります。

また、亡くなった配偶者の家の祭祀《さいし》承継者（お墓を管理して祖先の祭祀を行う人）になっている場合は、姻族関係を終了させることで相手方の家の人などにその地位を引き継ぐことができます。

Q49 亡くなった父の事業を引き継ぐ予定です。青色申告が有利と聞きましたが？

原則 4ヵ月以内

個人事業主なら青色申告が有利

被相続人（故人）が生前、お店の経営や、アパート・マンション賃貸などの事業をしていると、相続人がその事業を引き継ぐことがあります。会社法人ではなく**個人事業主として引き継いだ場合には、確定申告は通常の白色申告よりも「青色申告」のほうが有利です。**

青色申告をするためには複式簿記で帳簿をつけ、決算書を作らなければなりませんが、青色申告特別控除（最大65万円）を受けられるほか、家族を従業員にして給与を経費にできるなど多くの特典があります。

相続人が、引き継いだ事業を青色申告で行うときは税務署に「所得税の青色申告承認申請書」（書き方は80ページ参照）**を提出します。**

所得税の青色申告承認申請書の記入例

税務署受付印　　　　　　　　　　　　　　　　1 0 9 0

所得税の青色申告承認申請書

板橋区　税務署長

令和▲年 9月 8日提出

納税地	☑住所地・□居所地・□事業所等（該当するものを選択してください。） （〒173-0021） 東京都板橋区弥生町■ - × （電話番号　－　－　）
上記以外の住所地・事業所等	納税地以外に住所地・事業所等がある場合は書いてください。 （〒　－　） （電話番号　－　－　）
フリガナ	ブンキョウイチロウ
氏名	文響 一郎 ㊞　□大正 ☑昭和 □平成 □令和　63年 5月29日
職業	会社員　　フリガナ　屋号

事業を引き継ぐ申請者の氏名・住所などを記入する

令和 ▲ 年分以後の所得税の申告は、青色申告書によりたいので申請します。

1　事業所又は所得の基因となる資産の名称及びその所在地（事業所又は資産の異なるごとに記載します。）

名称 タロウアパート　所在地 東京都板橋区常盤台▲ - ■ - ×

名称 タロウ駐車場　所在地 東京都文京区小石川▲ - ■ - ×

不動産所得がある場合は、物件名や住所を記入する

2　所得の種類（該当する事項を選択してください。）

□事業所得 ・ ☑不動産所得 ・ □山林所得

3　いままでに青色申告承認の取消しを受けたこと又は取りやめをしたことの有無

(1) □ 有　（□取消し ・ □取りやめ）　　年　　月　　日　(2) ☑ 無

4　本年1月16日以後新たに業務を開始した場合、その開始した年月日　令和▲ 年 8 月 31 日

5　相続による事業継承の有無

(1) ☑ 有　相続開始年月日 令和▲ 年 8 月 31 日　被相続人の氏名 文響 太郎　(2) □ 無

6　その他参考事項

(1) 簿記方式（青色申告のための簿記の方法のうち、該当するものを選択してください。）

☑ 複式簿記 ・ □ 簡易簿記 ・ □ その他（　　）

複式簿記なら55万円か65万円（e-Taxの場合）、簡易簿記なら10万円の青色申告特別控除を受けられる

(2) 備付帳簿名（青色申告のため備付ける帳簿名を選択してください。）

☑現金出納帳・□売掛帳・□買掛帳・□経費帳・☑固定資産台帳・□預金出納帳・□手形記入帳

□債権債務記入帳・☑総勘定元帳・☑仕訳帳・□入金伝票・□出金伝票・□振替伝票・□現金式簡易帳簿・□その他

提出期限は故人の死亡日によって異なる

- 1月1日～8月31日 …… 死亡の日から4ヵ月以内
- 9月1日～10月31日 …… 当年の12月31日まで
- 11月1日～12月31日 …… 翌年の2月15日まで

（電話番号　－　－　）

税務署整理欄	関係部門連絡	A	B	C	D	E
	0					
	源泉用紙交付	通信日付印の年月日		確認印		
		年　月　日				

第4章

[お墓]のお金と手続きについての疑問12

山本宏税理士事務所所長
税理士 山本《やまもと》 宏《ひろし》
山本文枝税理士事務所所長
税理士 山本《やまもと》文《ふみ》枝《え》

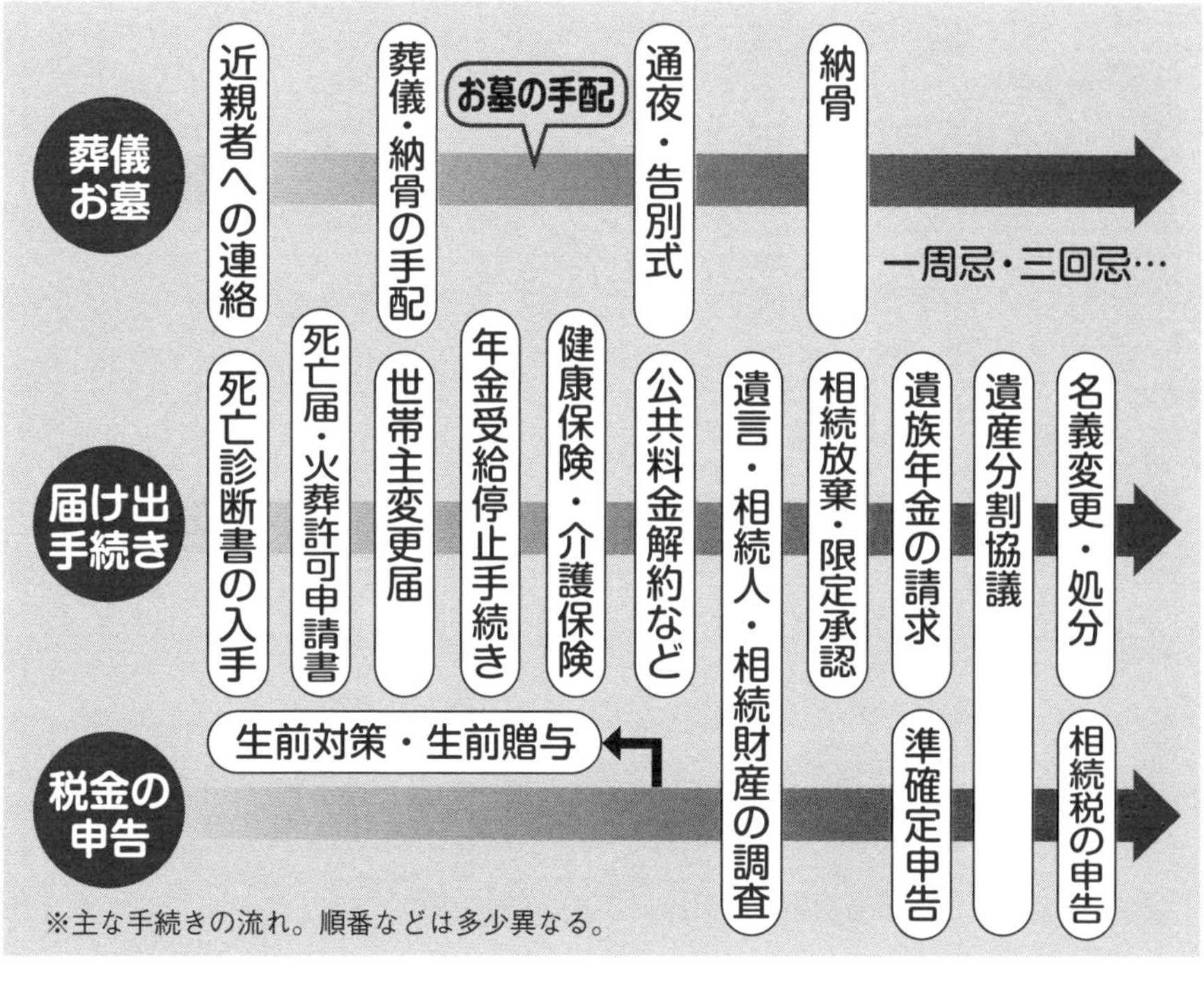

今やお墓選びも一変！ 次代を担う子や孫の考え方を優先して選ぶのも一策

お母さんくも膜下出血だったそうよ
谷口静子・45歳
次女・18歳
長女・20歳
まだ学生の私たちを残して逝ってしまうなんて…
お前たちもお墓のパンフレットを見てくれるかな
夫・由紀夫・52歳
だからお墓は買っておきなさいといったんだ！
母・久仁枝
ゆっくり眠る場所がないと静子さんにうらまれるよ
いろんな手続きで大変なんだ
やめておばあちゃん
私の実家のお墓に入れてもらうのは？
あんな田舎じゃお墓参りに行けないわ
お困りのようじゃのぉ
相続博士
助けて相続博士
お墓を親や祖父母の世代で決めるというのはどうかのぉ
スタッ
ムッ
お墓参りをしてくれる子供や孫の世代の考え方を重視して決めるべきじゃと私は思う
いいこというなぁ博士

最近はいろんな新しいお墓が増えておる
◆樹木葬
◆納骨堂
◆海洋葬
◆宇宙葬
◆手元供養
など
樹木葬とは墓石の代わりに樹木を植えてその根元に遺骨を埋葬して供養するお墓じゃ
ステキ
樹木はツツジやサクラハナミズキなど多種多様じゃ
納骨堂は特定の施設に遺骨を預けて供養するお墓
海洋葬や宇宙葬はいわゆる散骨じゃ
散骨じゃお墓参りができないわ
手元供養は?
家の仏壇に遺骨を納めて供養する方法じゃ
分骨ならいいが遺骨を全部納めるのはご免だね
!
じゃあこれでどう?
お父さんが集めたパンフレットも参考にして私たちで決める
うん賛成!
決まったら母さんも入れてあげるよ

Q50 子供が突然亡くなったため、お墓がありません。どうしたらいいですか?

速やかに

とりあえず遺骨は自宅で保管

日本の法律（墓地埋葬法）では、遺骨を埋葬できるのは、法律で許可された場所、すなわち墓地に限ると定められています。ただし、遺体の火葬までをすませていれば、必ずしもお墓を建てることを義務づけているわけではありません。

かつては、先祖代々の墓（家墓《いえはか》）がないときには、新しくお墓を建立《こんりゅう》するのが一般的でした。しかし、近年では、さまざまな事情から、お墓を建てない人も増えています。

その一方で、お墓は、故人や先祖代々の魂が眠る場所であり、法要や彼岸《ひがん》などでのお墓参りで親族が集う場所でもあることから、お墓を精神的な支えととらえる人もいます。

家族が突然亡くなりお墓がない場合には、とりあえず火葬をすませ、遺骨を自宅で保管します。そして、お墓を建てるか建てないか、建てる場合にはどんなお墓にするか、よく検討してください。一般的な家墓ではない形での供養《くよう》の方法も数多くあります。

お墓参りはしたいが、墓を建てるには跡継ぎや金銭面で不安があるという場合は、寺院や霊園に遺骨を預けて供養してもらう「永代《えいたい》供養墓」を検討してみるといいでしょう。永代供養墓には、個別の扉つきの棚に骨《こつ》壺《つぼ》を納める**「納骨堂」**、ほかの遺骨とともに霊園内に埋葬する**「合葬墓・合祀《ごうし》墓」**など、さまざまな種類があります（Q54参照）。

このほか、墓地の樹木の根元に遺骨を埋める**「樹木葬」**（くわしくはQ57参照）も人気です。

お墓を建てない場合には、遺骨を自宅で保管する**「手元（自宅）供養」**という方法もあります。

Q51 「お墓を建てるお金」はどれくらい必要ですか？

永代使用料や墓石費などがかかる

お墓を建立《こんりゅう》する費用は、購入時にかかる**「永代使用料」「墓石工事費」**と、その後に必要となる**「管理費」**との大きく3つに分かれます。

これらの費用の目安は、調査した機関や石材店、地域によりさまざまです。一般には、総額でおよそ150万～350万円程度が多いとされています。

どんな費用がかかるか、くわしく見ていきましょう。

まず、**永代使用料とは、墓地を使用する権利（永代使用権）を取得する費用のことです。永代使用料は、地域や都道府県、市区町村によって異なり、50万～200万円程度と大きな幅があります。**また、同じ面積のお墓でも、方角や角地、本堂からの距離などの立地条件によっても、永代使用料に差があるとされています。

特に、東京23区の永代使用料は高く、平均して160万～200万円程度と抜きん出て高額になっています。実際、青山墓地（東京都港区）では、募集価格が1区画当たり500万円前後のものもあります。都内以外のエリアでも、アクセスのいい場所や有名な寺院は価格が高くなる傾向にあります。

次に、**墓石工事費とは、お墓を建てる石材にかかる費用のこと。お墓の本体となる石碑だけでなく、外柵**

墓石にかかる費用の目安

墓石の購入価格（全国平均）
→157.0万円

●価格の内訳
100万～200万円の購入層が全体の46.9％で一番多く、300万円以上の高額な墓石の購入層は全体の6.1％だった。

●地域別の内訳
九州地区が平均215.1万円で唯一の200万円超え。次いで北陸（177.5万円）・近畿（170.4万円）が続く。中部（135.3万円）・中国（133.7万円）・四国（135.6万円）は130万円台。

※出典：一般社団法人・全国優良石材店の会「2020年度お墓購入者アンケート調査」（2020年3月1日～7月31日にお墓を購入した人を対象に行い、2,250サンプルを回収）より

や灯籠《とうろう》などを用意する場合があります。墓石に使う石材の量や種類、石材の産地、墓石の加工法や彫刻などによっても費用は異なってきます。

ちなみに、一般社団法人・全国優良石材店の会が2020年に行った調査では、墓石の購入価格の全国平均は157・0万円。100万～200万円の層が46・9%で最も多く、300万円以上の高額購入層は全体の6・1%でした。

地域によっても大きく差があり、同調査では、九州地区が215・1万円で唯一の200万円超え。次いで、北陸（177・5万円）、近畿（170・4万円）が続きます。一方、中部（135・3万円）・中国（133・7万円）・四国（135・6万円）は130万円台と報告されています。

年1万～2万円の管理費もかかる

最後の管理費とは、霊園や寺院などの施設を管理する費用で、**年1万～2万円**程度が多いようです。管理先によって、毎年払う場合や、2～3年分をまとめて払う場合など、支払い方法はさまざまです。

Q52 寺院に払う「永代供養料」や墓石に彫る「戒名彫刻料」はいくらくらいですか？

事前に準備

戒名彫刻料は文字数によって異なる

Q51で説明した永代使用料とよく似た言葉に**「永代《えいたい》供養《くよう》料」**があります。永代供養料とは、遺骨を永代にわたり供養してもらうために支払うお金のことです。

お墓の維持や管理などを行うことが難しい場合には、納骨堂や合祀《ごうし》墓・合葬墓などの永代供養墓に遺骨を納めます（Q50参照）。永代供養料は、供養のしかたのほか、霊園や寺院によって大きく異なり、**50万～150万円**程度が多いようです。

故人の戒名《かいみょう》と俗名（生前の名前）、命日、行年（享年）などを彫る**「戒名彫刻料」**は、1文字2万円程度が多いようです。墓誌（埋葬された先祖の名前を刻んだ石）や、墓石（竿石《さおいし》）の側面や裏面に刻みます。

※出典：一般社団法人・全国優良石材店の会

Q53 「お墓の業者」の探し方や選び方のコツはありますか？

事前に墓地を決めておこう

墓石の販売をはじめ、お墓の基礎工事や墓石の加工・設置を行うお墓の業者は**「石材店」**です。新たにお墓を建てるときは、石材店に依頼します。

石材店とはお墓を建てたあとも、納骨や法要、墓石が壊れたときの修繕など、長いつきあいとなります。単に「価格が安い」という理由で決めるのではなく、

石材店を選ぶポイント

以下の項目に多く当てはまる石材店を選ぶといい。

- ☑墓石についてくわしい知識がある
- ☑要望をくみ取った提案をしてくれる
- ☑専門用語だけでなく、わかりやすく説明してくれる
- ☑その石材店が手がけたお墓の見学ができる
- ☑見積書に墓石の種類や価格まで明確に記されている
- ☑購入時には、のちのトラブル防止のために売買契約書を発行してくれる
- ☑品質保証やアフターサービスのための保証書がある

よく検討していい業者を選ぶようにしてください。

速やかに

石材店を選ぶポイントは、見積書に墓石の種類や価格まで明記されている、その石材店が手がけたお墓を見学できる、購入時には売買契約書を取り交わせる、購入後は品質保証やアフターサービスのための保証書がある、などです（上の表参照）。

ただし、**石材店を選ぶさいは、事前にどこの墓地にお墓を建てるのか決めておかなければなりません。**

というのも、お寺の境内にある「寺院墓地」や、民間企業が運営・管理を行う「民営霊園」では、霊園が複数または単独の石材店を指定しているケースが多く見られるからです。それ以外の石材店から購入した墓石は建立《こんりゅう》できないので、最初に石材店を決めてしまうと、希望する寺院墓地や霊園にお墓を建てられないこともあるので注意してください。

ちなみに、**自治体が管理する「公営霊園」であれば、石材店の指定はありません。**

Q54 お墓にはどんな種類がありますか？

便利な納骨堂を選ぶ人が増加

お墓には地域や宗教などによって数多くの種類があり、供養《くよう》のしかたなどによって、さまざまに分類されます（左ジペーの表参照）。

まずは、供養のしかたによるお墓の種類を紹介しましょう。

最も一般的なのが、先祖代々の遺骨を納めた「家墓《いえはか》」です。墓石には「○○家代々の墓」など、家名を彫刻したものが多く見られます。

次に「納骨堂」は、永代供養墓《えいたいくようぼ》（共同墓）の一種で、扉つきの棚に個別に骨壺を納めます。その形状から「ロッカー型納骨堂」とも呼ばれます。中には、仏壇の形をした「仏壇型納骨堂」や、立体駐車場のように、遺骨を納めた厨子《ずし》と呼ばれる箱が自動的に運ばれてくる「自動搬送式納骨堂」もあります。

納骨堂は駅近に建てられることが多く、法要や墓参りに便利なことから、最近では、お墓を建てずに、納骨堂を選択するケースも増えています。

永代供養墓にはこのほか、**「合葬墓」「合祀墓《ごうしぼ》」**があります（Q56参照）。

墓石の代わりにシンボルツリーを墓標に見立てて埋葬する**「樹木葬」**も最近は人気です（Q57参照）。

お墓には、必ずしも先祖代々の遺骨を納めるとは限りません。埋葬される遺骨による分類法を説明しましょう。

著名人や有名人などの場合、一人だけを埋葬する**「個人墓」**を建てることがあります。**「両家墓」**は、お墓の跡継ぎが女性しかおらず、その人が結婚したことで名字が変わった場合に多く見られます。

代々継承する家墓は、墓石の形によって**「和墓」「洋墓」「デザイン墓」**の大きく3つに分けられます。最近では、和墓が減少し、洋墓やデザイン墓が増加する傾向が見られます。

主なお墓の種類

● 供養のしかたによる分類

<table>
<tr><td colspan="2">家墓
（一般墓）</td><td>最も一般的なお墓で、墓石には「○○家代々の墓」など、家名を彫刻したものが多く見られる。その家の後継者が中心となって先祖代々を供養する。</td></tr>
<tr><td rowspan="2">永代供養墓</td><td>納骨堂</td><td>棚や扉つきのロッカーなど、室内に故人の遺骨が入った骨壺を納める。多くの場合、個別の骨壺での供養には期限があり、期限の経過後は、霊園内の「合葬墓・合祀墓」に埋葬される。</td></tr>
<tr><td>合葬墓・合祀墓</td><td>遺骨を骨壺から取り出して、ほかの人の遺骨とともに埋葬する。</td></tr>
<tr><td>自然葬</td><td>樹木葬</td><td>墓石ではなく、シンボルツリーを墓標に見立てて埋葬する。樹木墓地、樹林墓地ともいう。</td></tr>
</table>

● 埋葬する遺骨（故人）による分類

家墓 （累代墓・継承墓）	先祖代々の遺骨が納められている最も一般的なお墓。上表にある家墓（一般墓）と内容は同じ。
個人墓	1人だけが埋葬されるお墓。著名人や有名人などで、親族以外の墓参りが予想される場合に選ばれることが多い。
夫婦墓	一族とは別に夫婦だけで埋葬されるお墓。継承はせず、一定期間が経過したのち、合葬・合祀される。
両家墓	名字の異なる親族もいっしょに埋葬する。女性の跡継ぎが結婚し、名字が変わって墓を守っていく場合に多く見られる。
共同墓	大きく2つに分類される。1つは、集落・村落といった地域・宗教単位などの共同体により管理・運営されているもの。もう1つは、ほかの人の遺骨と共同で納骨する「永代供養墓」とも呼ばれるものがある。

● 墓石の形による分類

和墓	縦長の石碑に「○○家代々の墓」などと刻印した最も一般的な墓石。
洋墓	横長で奥行きの浅い形状の石材を用いた墓石。「プレート型」「オルガン型」とも呼ばれる。家名ではなく、「心」「希望」などの自由な言葉を刻むこともある。
デザイン墓	墓石の形や素材、墓石に刻む言葉など、従来のスタイルにとらわれない自由にデザインされた墓石。

事情に応じて

Q55 「公営霊園」「民間霊園」の特徴や費用は？との違いを教えてください。

自治体が管理していて維持費も安い

墓地は、経営母体によって「寺院墓地」や「民間霊園」、「公営霊園」に分類することができます。

公営墓地とは、都道府県や市区町村などの地方自治体が管理・運営する墓地のことです。

お寺にある寺院墓地は、宗教・宗派の制約がありますす。民間霊園は宗教・宗派を問わないものの墓地使用料や管理費が比較的高めとなっています。

これに対して**公営墓地は、宗教・宗派を問わず、しかも墓地使用料（永代使用料《えいたい》）や管理費が比較的安いのが大きな特徴です。**さらに、自治体が管理・運営しているので、経営体制も安定していて安心である、といった利点もあります。

事情に応じて

Q56 お墓にお金をかけたくありません。「合葬墓」や「合祀墓」が安いそうですが？

あとで個別の供養はできなくなる

合葬とは合わせて埋葬すること、合祀《ごうし》とは合わせて祀《まつ》ること。**一般に、遺骨を骨壺から取り出して埋葬したお墓のことを「合葬墓」「合祀墓」といいます。**

個別のお墓には、数十万〜数百万円の費用がかかりますが（Q51参照）、**合葬墓・合祀墓の場合には、5万〜30万円程度と格安になっています。**相場の幅が広いのは、霊園や寺院によって、永代供養《えいたいくよう》料に差があり、納骨料や彫刻料の有無があるためです。

ただし、いったん合葬・合祀すると、あとで「個別に供養したい」と思っても、他人の遺骨といっしょになってしまうため、家族の遺骨だけを取り出すことはできません。事前によく検討してください。

Q57 「樹木葬」が人気と聞きました。くわしく教えてください。

最近はガーデニング型樹木葬が人気

墓地の区画内に墓石を置くのではなく、樹木を墓標に見立てて埋葬することを「樹木葬」といいます。

ひと言で樹木葬といっても、納骨のしかたには、遺骨を骨壺《こつつぼ》に納めたまま埋葬するタイプや、遺骨を骨壺から取り出して土中に直接納骨するタイプ、1本の樹木の周辺に合葬・合祀するタイプなど、実にさまざまなタイプがあります。

また、**樹木葬は、大きく「里山型」と「公園型」に分けられます。**

里山型は、墓地として認められた里山の土の中に遺骨を埋めて植樹をするもので、遺骨を自然に帰すという考え方に基づいています。多くの場合、1家族につき1本の植樹が行われます。

公園型は、都市部に多く見られる樹木葬のスタイルです。敷地が限られていることから、1本のシンボルツリーの周辺に個別埋葬するか、合葬・合祀されるケースが多く見られます。**最近では、シンボルツリーではなく、墓地の区画内の西洋風の庭園に埋葬する「ガーデニング型樹木葬」と呼ばれるタイプも登場して、明るい雰囲気が人気となっています。**

樹木葬の相場については、地域や埋葬のしかたなどによって大きく違いますが、おおむね20万～80万円とされています。

樹木葬の種類

○ 里山型樹木葬

墓地として認められた里山の土の中に遺骨を埋めて植樹をする。多くの場合、１家族につき１本の植樹が行われる。

○ 公園型樹木葬

都市部に多く見られる樹木葬のスタイル。１本のシンボルツリーの周辺に個別埋葬または合葬・合祀される。シンボルツリーの根元ではなく、西洋風の庭園に埋葬する「ガーデニング型樹木葬」と呼ばれるタイプもある。

Q58 「ペット」といっしょに入れるお墓はありますか？

事情に応じて

樹木葬や納骨堂の一部で可能

仏教では、動物は「畜生」として扱われます。そのため、一般的な家墓では、「ペット」といっしょの埋葬は基本的にはタブーとされていました。しかし、近年はペットも大切な家族の一員と考え、いっしょにお墓に入りたいと願う人も増えています。

そこで、**ペットといっしょに入れるお墓も増えてきました。**例えば、「樹木葬」は宗教にこだわらず、婚姻《こんいん》関係や血縁関係も問われないこともあって、ペットとの埋葬を受け入れている場合があります。

また、都心の「納骨堂」では、数は少ないながらも、ペットといっしょに入れるタイプのものが登場し、愛犬家・愛猫家たちの間で話題となっています。

Q59 最近注目を集めている「サブスク墓」とはなんですか？

事情に応じて

公営霊園の抽選待ちの人に人気

「サブスク」とは、サブスクリプションの略で、一定期間、会費を払うことで利用できるサービスのこと。動画や音楽の配信などがよく知られていますが、**最近は「サブスク墓」が登場し、話題を集めています。**

サブスク墓は多くの場合、最初に骨壺サイズの小さなお墓を購入し、納骨堂のような扉つきの棚に遺骨を納めます。**月々の利用料はおおよそ3000～4000円程度。多くの場合、30万円程度の初期費用がかかりますが、初期費用無料のものもあります。**

新しいお墓が完成するまでの間や、公営霊園の抽選待ち、やがて合葬・合祀《ごうし》することを考えている人などによく利用されています。

Q60 お墓を別の場所に移す「改葬」を行うには、どんな手続きが必要ですか？

随時

まずは改葬許可申請書を提出

お墓のある場所が遠く、なかなかお墓参りにも行けないという場合には、お墓を別の場所に移す「改葬」を検討するのもいいでしょう。ただし、お墓の改葬にはさまざまな手続きが必要になります。

まずは新しいお墓を用意します。

次に、今のお墓がある市区町村役場で「改葬許可申請書」を受け取り、今のお墓の管理者から「埋蔵証明書」に記名押印してもらいます。それを今のお墓の市区町村役場に提出して「改葬許可証」を受け取ります。

そして、遺骨を取り出して新しいお墓に移動させたら、新しいお墓の市区町村役場に「改葬許可証」を提出します（左ページの図参照）。

改葬の主な手続き

❶ 新しい墓地の用意

新しい墓地を用意し、「受入証明書（墓地使用許可証）」を発行してもらう。

❷「改葬許可申請書」の受取り

現在のお墓がある市区町村の役場で「改葬許可申請書」を受け取る。

❸「埋蔵証明書」への記名押印

現在のお墓の管理者の理解を得たうえで、「埋蔵証明書」に記入押印をもらう。自治体によっては、❷の改葬許可申請書の所定欄に墓地の管理者が記名押印したものを、埋蔵証明書とする場合もある。

❹「改葬許可証」の交付

❶の受入証明書、❷必要事項を記入した改葬許可申請書、❸記名押印済みの埋蔵証明書を現在の墓地のある市区町村役場に提出し、「改葬許可証」を交付してもらう。

❺ 遺骨の取出し

遺骨をすべて取り出す場合には、「魂抜き（閉眼供養）」と「墓じまい」を行う。

❻ 新しいお墓に納骨

新しい墓地の管理者に改葬許可証を提出し、納骨する。そのさいには「開眼供養」を行う。

書類の数は多いものの、手続き自体はさほど複雑ではないので、一つひとつの書類の申請と入手をていねいに行ってください。

納骨のさいは開眼供養を行う

お墓の引っ越しといっても、お墓ごと移動させるわけではありません。**①納骨されている遺骨のすべてと石碑のみを移す、②すべての遺骨を移す、③遺骨の一部を移す、④分骨する、の4つの方法があります。**

お墓から遺骨を取り出すには、菩提《ぼだい》寺の住職などに墓前でお経を読んでもらい、「閉眼供養《くよう》（魂抜き、お性根抜き）」などの儀式を行ってから、石材店に遺骨を取り出してもらいます。①と②の場合は、お墓を撤去し、墓所を更地に戻して管理者に返すことから「墓じまい」とも呼ばれます。

新しいお墓に納骨する場合には、その菩提寺の住職に墓前でお経を読んでもらって、「開眼供養（魂入れ、お性根入れ）」を行います。

Q61 改葬では「お墓の管理者とのトラブル」が多いそうですが、どう対処しますか？

速やかに

親族の了解も取っておこう

「改葬（遺骨の移転）」のさいには、トラブルが起こりやすいとされています。

寺院墓地にお墓がある場合は、改葬は菩提《ぼだい》寺との関係が終わることを意味しており、お寺の収入減につながります。**墓地の管理者の記名押印が必要な埋蔵証明書などの書類の作成に応じてくれなかったり、高額な「離檀《りだん》料（檀家をやめるときに支払う費用）」を請求されたりするという話もあるといいます。**お世話になったことへの感謝の気持ちを述べながら、改葬しなければならない理由をていねいに説明しましょう。

また、**親族から改葬を反対されるケースもあります。**血縁者とはいえ、事前に十分な話し合いをしておかないとトラブルになりかねません。いずれにしても、慎重な対応が必要です。

第5章

相続手続き①

[相続人]や[遺言]についての疑問18

ことぶき法律事務所
弁護士 佐藤省吾《さとうしょうご》

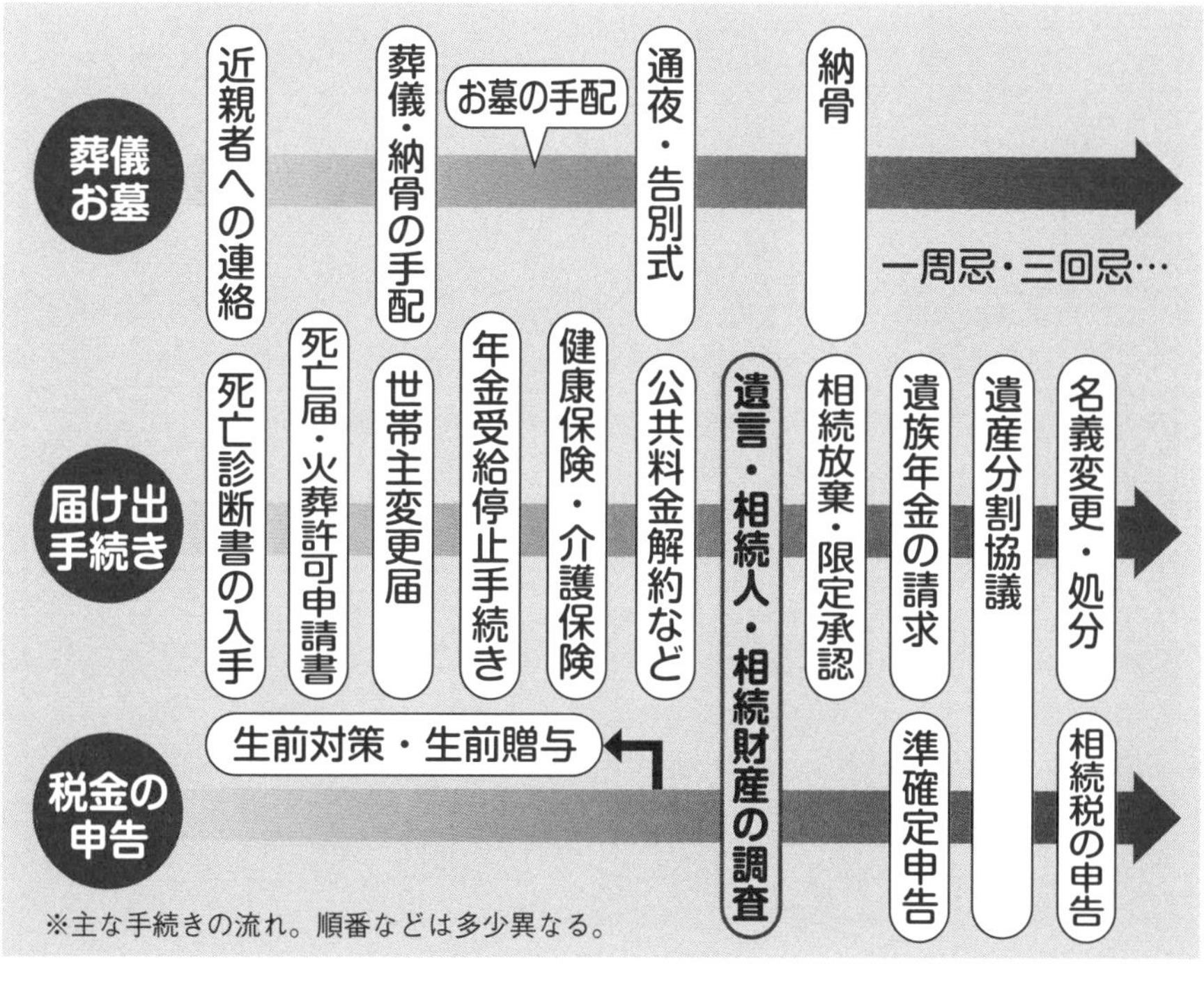

資産家の祖父が死亡！孫は多額の遺産をもらえると期待したが…

え
お父さんが亡くなった!?
蔵持源三・82歳
長く寝込んでいたがやはり…
すぐ実家に帰るわよ
源三の末娘・河野知子
知子の夫・裕太
母さんショックだね
だけどおじいちゃんって資産数十億ともいわれている資産家だよね
孫・健人
だったらおれも遺産が1億や2億もらえるな
残念だな健人おれもお前も相続人ではない
えーっ
どういうこと？
こういうことじゃ
相続博士
相続人は民法で定められており亡くなった人の配偶者は常に相続人となる
源三の妻・敏江
第１順位　亡くなった人の子供
第２順位　亡くなった人の父母、祖父母
第３順位　亡くなった人の兄弟、姉妹
配偶者以外の人はこの順序で相続人になる
え～と…

じゃあ相続人になるのはおばあちゃんと母さんそして母さんの兄や姉だな
長女・良子
長男・雄太郎
河野家では健人くんのお母さんつまり知子さんが相続人となる
ただし仮にお母さんが亡くなっていた場合には健人くんも相続人になる
縁起でもない
あるいは君のおじいさんは資産家じゃから遺言書を作成しているかもしれんて
民法では相続人の相続分（遺産の取り分）も定めているが遺産をどう分けるかは相続人どうしの合意による
あるいは遺言書に健人くんのことが書かれていたら相続が認められるかもしれん
あるある
きっと大丈夫さ
おれおじいちゃんにかわいがられていたよね？
う〜ん
どうだっけ？

Q62 そもそも「相続手続き」とはなんですか？どう進めたらいいですか？

3ヵ月以内など

相続人や相続財産などを調査する

相続では、相続開始のとき、すなわち被相続人（故人）の死亡時に存在した財産に属する一切の権利義務を承継するとされています（民法896条）。相続が開始されると自動的に、被相続人の財産が、法律で決まった相続人に引き継がれることになります。

また、**相続発生後に相続人が行わなければならない調査や手続きはたくさんあり、それらの手続きを「相続手続き」**といいます。

相続手続きでは、さまざまなことを行います。具体的には、**①相続人の調査・確定**、**②遺言の捜索**、遺言がある場合は**③遺言の検認**、**④相続財産の調査・確定**、必要に応じて**⑤相続放棄・限定承認の手続き**、**⑥遺産分割協議**、**⑦相続税の申告・納税**、**⑧相続財産の名義変更・処分の手続き**などがあります。

相続手続きの流れを左ページの図にまとめたので、参照してください。

以下、相続手続きについて、重要なポイントを説明しましょう。

遺言書が見つかったら検認を請求

まず、**相続人の調査・確定**。相続は被相続人の財産を相続人に引き継ぐ手続きなので、相続人をきちんと調査し、確定させる必要があります。

相続人についてはQ66～72でくわしく解説したので、そちらをご覧ください。

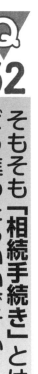

次に、**遺言の捜索と検認**。**被相続人が遺言を遺している可能性があるので、速やかに遺言書を捜索する必要があります。**遺言書が見つかったら、速やかに、家庭裁判所に遺言の検認を請求しなければなりません（公正証書遺言や法務局で保管していた自筆証書遺言なら検認は不要）。

そして、基本的には、被相続人の意思を表す遺言どおりに遺産分割が行われます。そのため、法律で定められた相続人以外の人に相続財産が分けられるケースも出てきます。遺言により相続財産を受け取る人を「受遺者」といいます。

遺言については、Q74～77でくわしく解説してあります。

また、相続財産の調査・確定も必要です。相続財産の調査が困難で確定しないような場合には、相続をしない「相続放棄」、相続した財産を限度に債務も引き継ぐ「限定承認」の手続きが必要になります。相続放棄・限定承認の手続きは、被相続人の死亡を知った日から3ヵ月以内となっているので注意しましょう。

さらに、相続人全員で遺産分割協議を行い、遺産分割協議書を作成することも必要になります。

相続手続きの流れ

身近な人の死亡（相続開始）

①相続人の調査・確定
▶第5章104～111ページ

↓

②遺言の捜索
▶第5章115ページ

↓

③遺言の検認
▶第5章116ページ

↓

④相続財産の調査・確定
▶第6章

↓

⑤相続放棄・限定承認の手続き
▶第6章

↓

⑥遺産分割協議
▶第6章

↓

⑦相続税の申告・納税
▶第8章

↓

⑧相続財産の名義変更・処分
▶第7章

ここまでの相続財産、相続放棄・限定承認、遺産分割協議については、第6章でくわしく解説しています。

そして、相続税の申告・納税、相続財産の名義変更・処分の手続きへと進みます。相続税については第8章、相続財産については第7章でくわしく解説されているので、そちらをご覧ください。

Q63 相続手続きは自分で進めるしかありませんか？誰に相談すればいいですか？

速やかに

手続きする相続人代表者を決める

相続手続きは、相続人が行う必要があります。

自分のほかにも相続人がいる場合は、原則、相続人全員で話し合って進めることになります（遺産分割協議）。ただし、この場合、実際に手続きを行うのは、相続人を代表する「相続人代表者」ということが多いようです。相続人全員で、誰が相続人代表者となって細かい相続手続きを進めていくのか、よく話し合って決めておくといいでしょう。

もし、あなたが相続手続きを行うことになった場合は、被相続人（故人）が遺言書の作成について相談していた人や、相続財産や相続人について話していた家族・親戚《しんせき》がいたら、そのような人に相談するといいでしょう。そうすれば、故人の意思に寄り添って、より適切な相続手続きができると思います。

また、相続を経験したことがある親族や知人がいれば、死後の手続きや相続手続きについて、ひと通り知っているはずです。このような人に相談してみるのもいいかもしれません。

弁護士や税理士に相談するのも一手

相続手続きについてくわしい、弁護士や税理士などの専門家に相談するという方法もあります。

もちろん、相談料などの費用はかかります。しかし、遺言書の有無、家庭裁判所の検認手続きから、相続人の調査、相続財産の調査、相続財産発覚後の承継、相続放棄・限定承認など相続にまつわる法的処理には時間と労力がかかるので、専門家に相談をしながら相続手続きを進めることはおすすめです。

遺産分割協議書の作成まで専門家に一任して、相続手続きを進めてもらうという方法もあります。相続手続きに不安や心配な点がある人は、専門家に相談してみるといいでしょう。

Q64 相続手続きに必要な書類はなんですか？

戸籍謄本はどんな手続きでも必要

相続手続きには、事前に集めておくといい書類があります。それは「戸籍謄本」「住民票」「印鑑登録証明書」の3つです。

中でも、身分関係を証明する書類は、どんな手続きにも必要になります。以下、それぞれの書類についてくわしく説明しましょう。

●戸籍謄本

身分関係、つまり相続人であることを証明する書類は**「被相続人（故人）の戸籍謄本」**と**「相続人の戸籍謄本」**です。ただし、被相続人の戸籍謄本については、故人の出生から亡くなるまでの一連の戸籍謄本が必要となります。

相続人の戸籍謄本は、届け出を行う相続人だけでなく、相続人全員のものが必要です。相続人の場合は相続人であることがわかればいいので、通常は現在の戸籍謄本を取得します。

このように戸籍謄本には、取得するさいのコツがあります。戸籍謄本を請求するときは、市区町村役場の戸籍課（住民課）などの窓口で、請求する書類の用途（相続であること）を伝え、相続手続きに必要な戸籍を取得するにはどうしたらいいかを相談するといいでしょう。

●住民票

身分関係とは異なりますが、取得すべき書類に住民票があります。「被相続人の住民票」と「相続人の住民票」を取得しましょう。

被相続人の住民票は、住民票の「除票」というものを取得します。この除票は、死亡によりすでに除かれた住民票のことで、被相続人の最後の住所地がわかります。

ちなみに、最後の住所地は、そこを管轄する家庭裁判所での手続きが必要になったさい、この管轄裁判所

速やかに

を探すうえで重要になります。

相続人の住民票も、さまざまな手続きに必要になる場合があります。主に、遺産分割協議をするさいや、不動産を相続する場合の相続登記をするさいに必要になります。

住民票の提出を省ける場合もある

●印鑑登録証明書

印鑑登録証明書は、死亡後すぐに必要となる書類ではありません。しかし、遺産分割協議書を作成するときには、相続人が実印で押印をすることになります。そのさい、相続人全員の印鑑登録証明書が必要になります。

なお、印鑑登録証明書にも届け出の住所が書いてあるので、住民票に記載されている住所と同一であれば、相続人の住民票に代えて印鑑登録証明書で足りる場合もあります。

●その他の書類

以上が基本の書類となりますが、そのほかにも相続手続きによって必要となる書類は異なります。

例えば、預金関係の手続きは金融機関、不動産登記の手続きは管轄の法務局、相続税の申告は管轄税務署などでそれぞれ手続きが異なります。また、同じ金融機関でも、○○銀行と△△銀行で必要書類が細かく違う場合もあります。事前に、それぞれの窓口に問い合わせて、手続きに必要な書類を確認しておくと、手続きがスムーズとなります。

相続手続きに必要な3大書類

●戸籍謄本

ほとんどの相続手続きで提出を求められる、最も重要な書類。被相続人の戸籍謄本（出生から死亡までの一連の戸籍謄本）、相続人の戸籍謄本（相続人全員の戸籍謄本）が必要になる。

●住民票

被相続人の最後の住所地などを確認するために、被相続人の住民票、相続人の住民票の提出を求められることがある。被相続人の住民票は、住民票の除票（死亡により除かれた住民票）を取得する必要がある。

●印鑑登録証明書

遺産分割協議書や相続届など、相続人が実印を押印した書類を提出するさいに提出を求められることがある。印鑑登録証明書は、6ヵ月以内に発行されたものなどと定められているケースが多い。

Q65 相続によって遺産はどれくらいもらえるのでしょうか？

速やかに

相続割合は法律で決まっている

相続によってもらえる遺産（相続財産）の割合（相続できる割合）のことを、**「相続割合」**といいます。

相続割合は法律で決まっています。これを**「法定相続分」**といいます（民法９００条）。

相続によって相続財産をどれくらいもらえるかを考えるには、自分の法定相続分がどの程度なのかをしっかり理解しておきましょう。

相続割合は相続順位と相続人の関係によって、その割合が定められています。相続順位についてはQ66でくわしく解説しているので、そちらを参照してください。

法定相続分は、相続人の人数で均等割りするのが原則的な考え方です。

ただし、後述する相続順位と相続人の関係によって相続割合が変わってきます。

遺言などで法定相続分は変わる

相続割合は法律で決まっているからといって、変更できないわけではありません。

法定相続分に従わず、被相続人（故人）の意思に従って相続をさせる方法が「遺言」です。被相続人の有効な遺言書があれば、基本的に、この遺言書に書かれた内容に従って相続財産が分割されることになります。

また、遺言書がない場合でも、「遺産分割協議」によって、法定相続分によらず相続人の全員の合意によって、任意の相続割合に従って遺産を分割することは可能です。

もっとも、こうした相続割合を任意に指定する遺言などの方法が取られていなかった場合、法定相続分に従って相続手続きが行われることが一般的です。例えば、遺産分割協議調停や審判などは原則として法定相続分によります。

Q66 遺産をもらえる「相続人」になれるのは誰ですか？

速やかに

相続人の範囲は法律で決まっている

相続人とは、被相続人（故人）の遺産（相続財産）を引き継ぐ人のことです。**この相続人になることができる人の範囲は、法律で決まっています。これを「法定相続人」といいます。**法定相続人以外の人に遺産を渡すには遺言などで意思表示をしておかないと、法律上当然には相続をすることはできません。

法定相続人には順位があり、この順位のことを「相続順位」といいます（下の図参照）。**相続は、この相続順位に従って順番に相続人を確定していくことになり、また相続割合も変わります。**相続割合の違いについては、Q67を参照してください。

●配偶者

被相続人の配偶者（妻または夫）は、常に相続人となります。配偶者と、後述する第1順位から第3順位のうち最も順位の高い人が相続人となります。相続人が配偶者のみの場合は、100%の割合で相続することになります。なお、この配偶者とは法律上の婚姻《こんいん》関係に限られており、内縁関係の人や離婚した元配偶者は法定相続人となりません。

相続人の相続順位

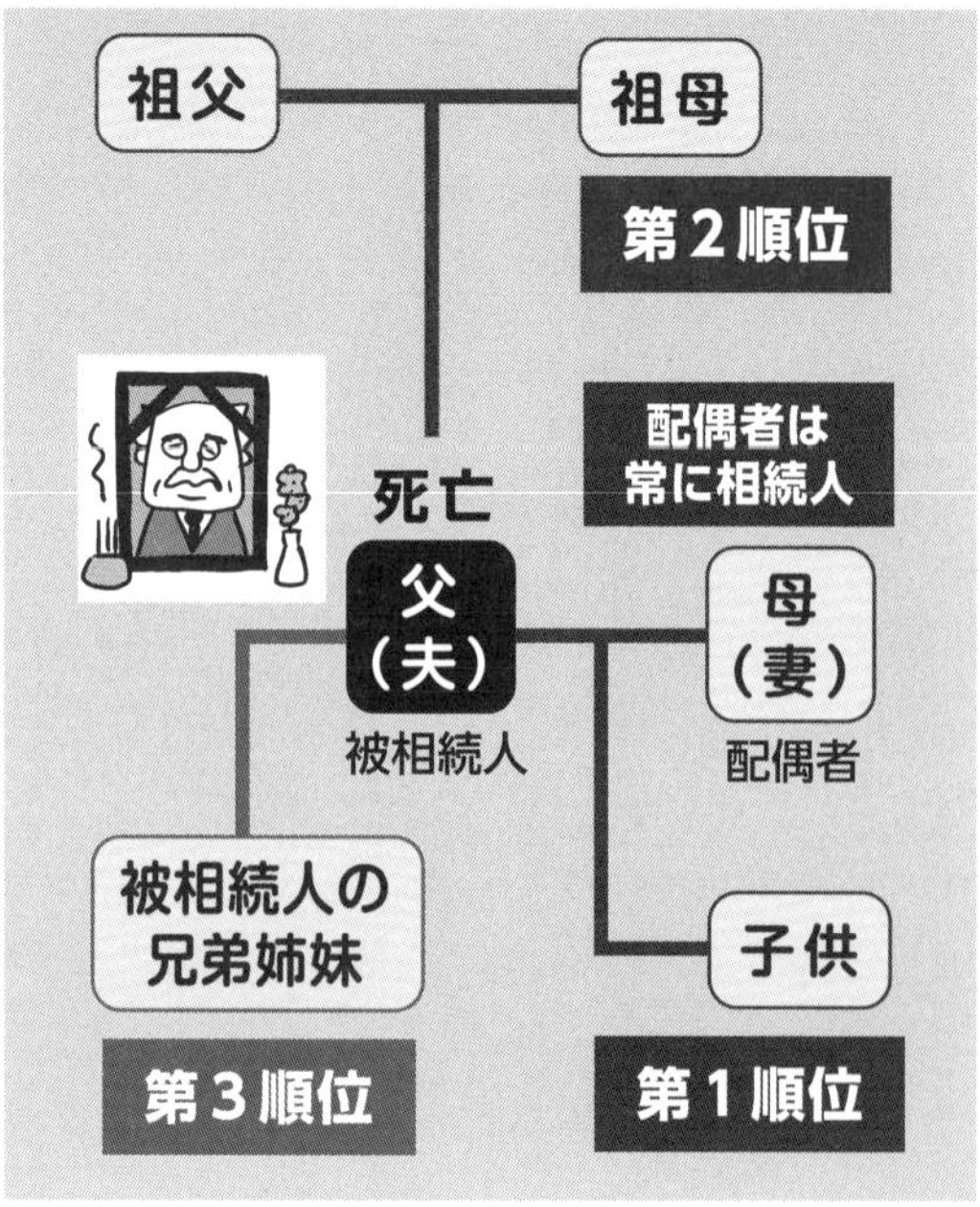
祖父
祖母
第２順位
配偶者は
常に相続人
死亡
父
（夫）
被相続人
母
（妻）
配偶者
被相続人の
兄弟姉妹
子供
第３順位
第１順位

●第1順位＝子供

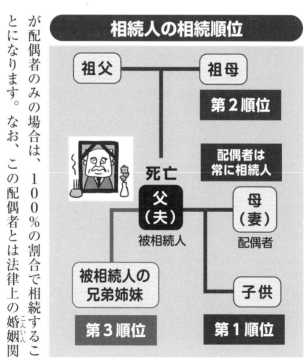

被相続人に子供がいる場合は、配偶者と併せて常に相続人となります。この子供には、実子だけでなく養子・認知した子供も含みます。特に前妻や前夫との間に子供がいる場合は異母（異父）兄弟姉妹となるので、相続人の調査のさいには注意が必要です。

●第2順位＝父母

第2順位の父母に相続が発生するのは、第1順位の子供がいない場合に限ります。つまり、子供がいる場合は第2順位の父母には相続が発生しません。父母の両方が被相続人より先に亡くなっている場合は、その父母の親（祖父母）が相続人となります。

●第3順位＝兄弟姉妹

被相続人の子供も父母もいない場合、相続順位の3番めとして、被相続人の兄弟姉妹が相続人となります。同じ父母を持つ兄弟姉妹の相続割合は、均等割りとなります。

相続欠格と相続廃除の制度あり

以上のとおり、相続人は法律上決まった範囲で認められています。しかし、**相続資格を失う「相続欠格」という制度があります。また、被相続人の意思に基づいて相続人の相続資格を剥奪《はくだつ》する「相続廃除《はいじょ》」という制度もあります。**相続欠格と相続廃除の事由は、上の表のとおりです。

相続欠格と相続廃除の事由

●相続欠格の事由（民法891条）

1. 故意に被相続人または相続について先順位もしくは同順位にある者を死亡するに至らせ、または至らせようとしたために、刑に処せられた者
2. 被相続人の殺害されたことを知って、これを告発せず、または告訴しなかった者。ただし、その者に是非の弁別がないとき、または殺害者が自己の配偶者若しくは直系血族であったときは、この限りでない
3. 詐欺または強迫によって、被相続人が相続に関する遺言をし、撤回し、取り消し、または変更することを妨げた者
4. 詐欺または強迫によって、被相続人に相続に関する遺言をさせ、撤回させ、取り消させ、または変更させた者
5. 相続に関する被相続人の遺言書を偽造し、変造し、破棄し、または隠匿した者

●相続廃除の事由（民法892条）

遺留分を有する推定相続人が、①被相続人に対して虐待をし、もしくは②これに重大な侮辱を加えたとき、または③推定相続人にその他の著しい非行があったときは、被相続人はその推定相続人の廃除を家庭裁判所に請求することができる。

Q67 相続人がそれぞれもらえる相続分「相続割合」はどうなっていますか?

子供が複数の場合は均等に分割

遺産の「相続割合」は、相続人の相続順位と相続人の関係によって定められています。

Q66で解説したとおり、配偶者がいる場合、配偶者は常に相続人となります。ここでは一般的な相続を例にとって、法律で定められた遺産の相続割合(法定相続分)を見ていきましょう。

●配偶者と子供(実子)の場合

相続人が「配偶者(夫または妻)+子供1人」だったとします。この場合には、配偶者と子供1人で【2分の1】ずつ遺産を相続することになります。

相続人が配偶者だけ(子供がいない)の場合は、配偶者が遺産を100%相続します。逆に、相続人が子供1人(配偶者がいない)だけの場合は、子供が遺産を100%相続します(民法900条1号)。

相続人が「配偶者+子供2人」の場合は、配偶者が

相続人の相続割合(法定相続分)

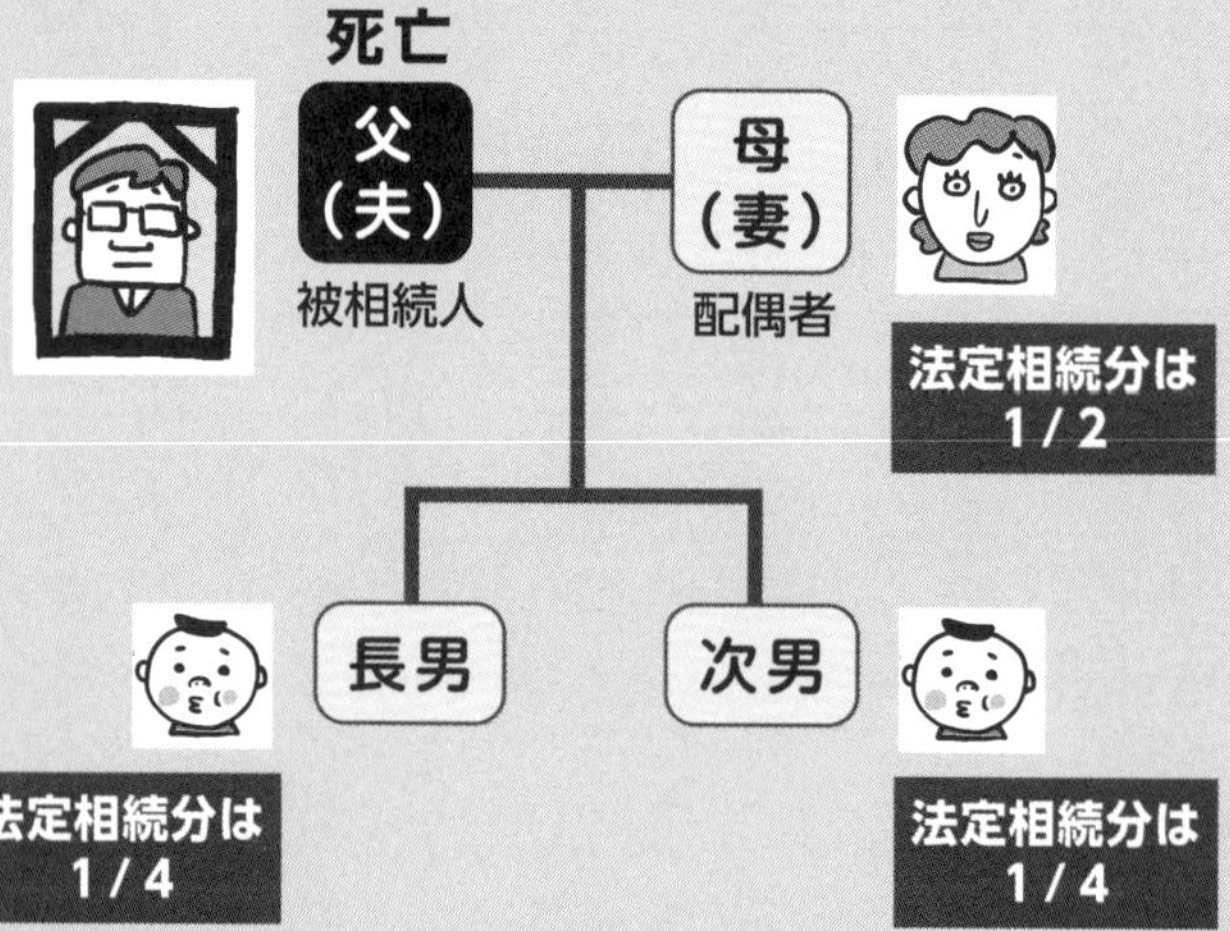

死亡
父
(夫)
被相続人
母
(妻)
配偶者
法定相続分は
1/2
長男
次男
法定相続分は
1/4
法定相続分は
1/4

※上の図は子供2人だが、子供が1人の場合には、配偶者と子供で【2分の1】ずつ遺産を相続する

速やかに

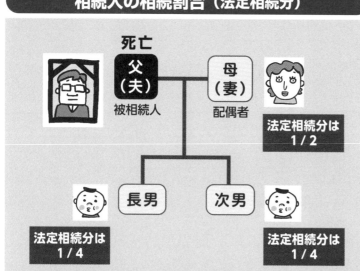

遺産を【2分の1】相続し、子供は残りの遺産【2分の1】を2人で分割します。つまり、２人の子供は、それぞれ【４分の１】ずつ相続することになります。子供が３人いる場合は【６分の１】ずつ相続します。

このように、子供が複数いる場合は、子供の相続分【２分の１】を複数の子で均等に分割することになります（民法９００条４号）。

●配偶者と両親（父母）の場合

被相続人（故人）に子供がなく、配偶者と被相続人の両親（父母）のどちらかが存命だったとします。この場合の**相続割合は、配偶者が【3分の2】、父母が【3分の1】となります**（民法９００条２号）。

父と母の両方が存命の場合は、父母の相続分【３分の１】を２人で分けることになるので、２人で【６分の１】ずつ遺産を相続します。

●配偶者と兄弟姉妹の場合

被相続人に子供がなく、両親も存命しないときは、配偶者と被相続人の兄弟姉妹が遺産を相続します。この場合の**相続割合は、配偶者が【4分の3】、兄弟姉妹が【4分の1】となります**（民法９００条３号）。

Q68 相続人を正確に特定するにはどうしたらいいですか？

極力速やかに

戸籍謄本を入手して調査する

相続手続きにおいて「相続人の調査」はとても重要になります。

相続人にどのような関係の人がいるのかによって、相続手続きの内容（相続割合など）が大きく変わります。例えば、被相続人（故人）の中には、過去に婚姻《こんいん》や離婚をしていて、現在の家族も親戚《しんせき》も知らない子供が出生しているようなことも考えられます。その場合は当然、その子供も相続人になるので、相続手続きがかなり複雑になってきます。

相続人を正確に特定するためには、時間も手間もかかります。そのため、被相続人の死亡、つまり相続開始を知ったら、できるだけ速やかに相続人の調査を開始しましょう。

●被相続人と相続人の戸籍謄本

相続人の調査は、戸籍謄本を取り寄せて行うのが一般的です。身分関係、すなわち相続人であることを証明する書類が、被相続人の戸籍謄本、相続人全員の戸籍謄本になります。

相続人の調査で必要になるのが、被相続人の戸籍謄本です。この戸籍謄本は、被相続人が出生してから亡くなるまでの一連の戸籍謄本を取り寄せる必要があります。

戸籍は法律によって改製（作り直されること）が何度かあり、改製される前の戸籍を**「改製原戸籍」**といいます。多くの人が出生から死亡まで一つの戸籍謄本ですむことは少なく、改製原戸籍までさかのぼって相続人を調査する必要があるのです。

また、婚姻などで転籍した場合には別の戸籍となるため、転籍先から戸籍謄本を取得する必要があります。さらに、亡くなったことの証明も戸籍謄本で行う場合があるので、死亡届を提出後に、戸籍謄本で死亡の記載があることを確認します。

途中からの記載しかないものもある

●出生までさかのぼる戸籍が必要な理由

戸籍謄本には、出生から婚姻や出産など家族関係の出来事が記録されています。ただし、前述のとおり戸籍の改製や転籍などによって、戸籍の途中から（または途中まで）の記載しかない戸籍も存在します。

例えば、被相続人が過去に婚姻していて現在の配偶者（妻または夫）と再婚した場合、途中からの戸籍では再婚の部分しかありません。過去の婚姻関係の中で子供の出生などの記録を確認しなければ、正確な相続関係を把握することができないのです。

このような場合を想定して、相続手続きにおいては、被相続人の出生から死亡までの一連の戸籍謄本が求められます。

●法定相続情報証明制度

２０１７年５月29日から、全国の登記所（法務局）において、相続手続きに利用できる「法定相続情報証明制度」が開始されました。くわしくはQ78を参照してください。

Q69 戸籍を調べたら想定外の相続人が見つかりました。どうしたらいいですか？

極力速やかに

相続手続きの協力を求める

相続人の調査を行うと、思いがけないところで「想定外の相続人」が見つかるケースもあるでしょう。音信不通などで連絡を一切取ってこなかった相続人であったとしても、**戸籍上で相続人となった人には、相続手続きの協力を得なくてはなりません。**

具体的には、預金口座の解約・払戻しや遺産分割協議について相続人全員の同意・協力が必要となります。

そのため、**戸籍謄本類の調査で発覚した相続人がいる場合は、連絡可能な方法で「相続の発生」や「相続手続き」について、必ず通知を行ってください。**

相続人によっては、所在不明で連絡が取れないということも考えられます。そのような場合は、相続人に対して遺産分割調停や審判などの法的手続きを行うことを前提にして、弁護士が住民票などの調査を行うことも可能です。必要に応じて、相談をしてみてもよいかもしれません。

Q70 相続人の1人が亡くなっています。死亡した相続人の相続分はどうなる？

速やかに

亡き相続人の子供が代襲相続する

例えば、被相続人（故人）の死亡の前に、相続の第1順位の子供が亡くなっていたとします。この場合、**亡くなった子供に子供（孫）がいれば、この孫が第1順位の子供に代わって相続人となります。これを「代襲相続」といいます**（民法887条2項）。

このように、相続発生前に相続人の1人が亡くなっている場合でも相続が発生することがあるので、注意が必要です。

第3順位の兄弟姉妹の場合でも、代襲相続が起こることもあります。被相続人の兄弟姉妹の1人がすでに亡くなっていて、その兄弟姉妹に子供がいる場合は、その子供（甥《おい》・姪《めい》）が第3順位の兄弟姉妹に代わって被相続人の遺産を相続することができます。

では、代襲相続をする場合の子供（孫）もすでに死亡していた場合にはどうなるのでしょうか。

代襲相続者がすでに死亡していた場合には、その子供（孫の子供＝ひ孫）が相続人となります（民法887条3項）。**このように代襲相続が連続して起こることを「再代襲相続」といい、直系卑属《ひぞく》である子供の場合は連続して再代襲相続が生じます。**ただし、兄弟姉妹の場合に再代襲相続が発生するのは、その子供（被相続人の甥・姪）の代までとされています。

Q71 未成年の相続人がいます。どう扱えばいいですか？

極力速やかに

代理人をつける必要がある

相続人の中に「未成年者」がいる場合は、特別な手続きが必要になります。**相続人の未成年者は、相続の権利を主張するために「代理人」をつけなければなりません。未成年者の法定代理人は通常、親権者である親となります。**

問題となるのは、未成年者の親もまた相続人の場合です。例えば、父が死亡して母（妻）と子供1人が相続人である場合には、母（妻）は配偶者として相続人となり、子供も第1順位の相続人となります。この**ときに子供が未成年者であれば、法定代理人の母と、相続人としての地位が重複してしまいます。このような状態を「利益相反《そうはん》」と呼びます。**

このように遺産相続の場面では、**親権者である親が利益相反のため代理人になれないケースがあります。その場合は、家庭裁判所に、遺産相続のための「特別代理人」の申立てを行うことになります。**裁判所が職権で代理人を選任する手続きを行うことで、未成年者を含む遺産相続の手続きが可能となります。

Q72 認知症の相続人がいます。どう扱えばいいですか？

法律行為が取り消される可能性あり

相続人の中に「認知症」の人がいる場合、注意が必要です。**認知症の人は法律上行為能力に制限がある「制限行為能力者」と見なされる場合があり、法的な判断が十分にできないと判断されるおそれがあります。**

制限行為能力者が行った法律行為は、後から無効となる可能性があります。例えば、認知症の人が遺産分割協議時に行為能力がなかったと判断されると、その遺産分割協議は後から取り消すことができるようになり、法的手続きが滞ってしまうおそれがあります。

極力速やかに

そこで、**認知症などで物事の判断能力に著しい問題がある場合は、本人の代わりに法律行為を行う「成年後見《こうけん》人」をつけなければなりません。これを「法定後見制度」といいます**（くわしくはQ73参照）。法定後見を希望する場合は、医師に認知症の人の判断能力について診断を受けて、必要書類とともに家庭裁判所に後見開始審判を申し立てることになります。

Q73 認知症の人の相続分を守る「法定後見制度」は利用したほうがいいですか？

認知症の人の権利を支援・保護

「法定後見《こうけん》制度」とは、認知症、知的障害、精神障害などで物事の判断能力が不十分な人（以下、本人）の権利を法律的に支援・保護する制度です。本人の判断

事前に準備

能力に応じて「後見」「保佐」「補助」の3類型があり、判断能力を常に欠いている状態の場合は成年後見人を裁判所が選任し、本人を支援・保護します。

成年後見人は、財産に関する法律行為について包括的に代理する権限を有しており、本人の行った行為を取り消すこともできます。

● **法定後見を申し立てる方法**

庭裁判所に申立てを行うことで開始します。申立てができる人は本人、配偶者、4親等内の親族などです。
法定後見は、本人の住民票上の住所地を管轄する家

法定後見の申立てに必要な書類は、申立書をはじめ、申立事情説明書、親族関係図、財産目録、収支予定表、本人情報シート、診断書などがあります。本人情報シートは通常、福祉関係者に要介護度などを記入してもらいます。診断書は本人が後見・保佐・補助のどの程度の判断能力があるかを医師に診断してもらいます。

そのほか、相続人であることを証明するために戸籍謄本類の提出が必要となります。

後見人の希望が通らないこともある

● **成年後見人になる人**

法定後見の申立てがされると、家庭裁判所は後見開始の審判をすると同時に、成年後見人などの選任を行います。**申立てのさいは、成年後見人の候補者の希望を裁判所に伝えることができます。**

ただし、**本人に法律上または生活面での課題や、本人の財産管理が複雑困難といった事情が判明している場合には、弁護士や司法書士などの専門職が成年後見人（専門職後見人）に選任されることがあります。**例えば、親族による後見（親族後見）を希望して、本人の子供を成年後見人にしたいと申し出ても、事情によっては親族後見ではなく、専門職後見人となることがあります。このように誰を成年後見人等に選ぶかは家庭裁判所の判断なので、不服申立てはできません。

また、**希望どおりに親族後見となった場合でも、家庭裁判所の裁量で「後見監督人」を選任することがあります。**後見監督人は成年後見人の事務をサポートするため、多くの場合、弁護士や司法書士などの専門職が選任されます。後見人は、後見監督人に対して、後見事務の報告や相談を行いながら活動します。

法定後見の申立てで注意したいのが、申立ての取下げには家庭裁判所の許可が必要ということです。例えば、親族後見を申し立てた場合、家庭裁判所が専門職を後見人に選任しそうだといった理由で、その申立てを自由に取り下げることはできません。

Q74 「遺言」は相続にどうかかわってきますか？

極力速やかに

相続手続きの手間が大幅に省ける

「遺言」とは、相続財産（遺産）を誰に、何を、どのように引き継ぐのかを本人（遺言者）の意思によって表示することです。遺言者の希望を書いた書面を「遺言書」といいます。

遺言は相続手続きで重要な役割を果たします。遺言を遺すことで、死後に相続人が行う相続人・相続財産の調査の手間が省けるだけでなく、その後の相続人どうしで話し合う遺産分割協議を省略したり、相続トラブルを防止したりする効果も期待できます。

●遺言をするための手続き

遺言には「自筆証書遺言」「公正証書遺言」「秘密証書遺言」の3つの方式があります。

まず、自筆証書遺言は、遺言者が書面で、遺言の内容（遺産目録も含む）の全文、日付、氏名を手書きして、署名の下に押印をすることで作成する遺言です。以前は全文を手書きで作成する必要がありましたが、2019年1月13日から民法改正により、パソコンで作成した目録を添付したり、銀行通帳のコピーや、不動産登記事項証明書などを目録として添付したりすることが認められています。

自筆証書遺言は作成様式、訂正方法など厳格に定められており、せっかく作成した遺言が後から無効となってしまう可能性があります。作成するさいには専門的な知識を持つ人に相談するといいでしょう。また、自筆証書遺言の場合は、遺言書を発見した人が、家庭裁判所で開封・確認をする「検認」（Q76参照）という手続きが必要になることに注意してください。

次に、公正証書遺言は、遺言者が、公証役場の公証人に面前で遺言の内容を伝え、その内容に基づいて公証人が公正証書として作成する遺言です。自分が元気なうちに遺言の内容を相談しながら決めたい、遺族がもめることなく相続手続きを行ってほしいという場合、公正証書遺言を作成するのがいいでしょう。

なお、公証人は裁判官や検察官などの法律事務に携わってきた専門家が多いので、遺言の内容を相談しながら正確に書面に残すことができると思います。また、**公正証書遺言の場合は家庭裁判所での検認の手続きは不要**なので、相続開始後速やかに遺言書に従って相続手続きができます。

公正証書遺言の原本は、公証役場で保管されます。そのため、遺言書の紛失、破棄隠匿《いんとく》、改ざんのおそれがないことも安心できる要素になるでしょう。

最後の**秘密証書遺言は、遺言者が、遺言の内容を記載した書面に署名押印をして封印したうえで、この封書をそのまま公証人に提出する遺言です**。そのため、遺言の内容を誰にも知られることがありません。

ただし、遺言の内容を誰も把握しておらず、公証人のチェックも受けていないため、内容によっては無効となるおそれもあります。なお、**秘密証書遺言も、自筆証書遺言と同じように、家庭裁判所での検認の手続きが必要となります。**

自分の意思を明確に伝えられる

遺言書（自筆証書遺言）の例

遺言書

遺言者　●●太郎は、以下のとおり遺言する。

1．遺言者は、遺言者の有する次の財産を、遺言者の妻●●花子（1959年8月▲日生）に相続させる。
（1）土地
所在／東京都港区□□1丁目
地番／■■番10
地目／宅地
地籍／○○.○○平方メートル
（2）建物
所在／東京都港区□□1丁目
家屋番号／■■番10
種類／居宅
構造／木造2階建て
床面積／1階○○.○○平方メートル
2階○○.○○平方メートル

※全文を自筆で書くのが基本

2．遺言者は、遺言者の有する次の財産（株式、債券を含む金融資産）を、遺言者の長男　●●一郎（1990年12月▲日生）、長女　●●良子（1987年1月▲日生）に相続させる。相続割合はそれぞれ2分の1ずつとする。
（1）遺言者名義の預貯金および債権
①△△銀行　中央支店（口座番号1234555）
②□□銀行　駅前支店（口座番号5554321）

令和▲年8月31日
住所　東京都港区□□1丁目■■番地10
遺言者　●●太郎　印鑑

作成日時・押印・署名が必要

●遺言の効力

遺言書がない場合には、原則として相続人どうしの話し合いで（遺産分割協議）決めるか、法律で定められた相続割合（法定相続分）で相続をするしか方法はありません。

しかし、法定相続分も「2分の1」などと割合を定めているだけです。そのために例えば、自宅用不動産を「2分の1」相続したとして、誰が居住または売却など処分するのかといった相続財産の運用などについては法律上も決まっておらず、話し合いで決めるほかありません。

そこで、**遺言書を作成しておけば、誰に、どの財産を、どのように引き継ぎたいのかを自分の意思として明確にしておくことができます。**このように単なる相続割合ではなく、相続財産を実質的に相続人に公平になるように遺言で決めておくことで、相続人どうしの話し合いがスムーズになったり、相続トラブルを防止したりすることが可能になります。

Q75 遺言書が見つかりません。どうやって探したらいいですか？

極力速やかに

遺言書の種類で探す場所は異なる

遺言は、遺言者（遺言を作成した人）の相続財産の引継ぎに関する意思なので、相続開始後、速やかに発見しなくてはなりません。相続人どうしで話し合う遺産分割協議を実施する前に遺言書を確認することで、相続トラブルを防止し、話し合いを円滑に進めることが期待できます。

「遺言書の探し方」は、遺言書がどのように作成・保存されたのかによって異なります。

●自筆証書遺言の場合

自筆証書遺言は、厳格な方式によって遺言者が任意に作成したものなので、遺言者の大事な財産といっしょに保管されていることが多いと想定されます。

財産が預金や不動産であれば、預金通帳や不動産の権利証などが保管されている場所にいっしょに保管されている可能性が高いでしょう。一般的には貴重品ボックス、金庫、金融機関の貸金庫などが考えられます。まずは、このようなところを探してみましょう。

●公正証書遺言や秘密証書遺言の場合

公正証書遺言は、1990年以降に作成されたものであれば、日本公証人連合会において、**公正証書遺言を作成した全国の公証役場名、公証人名、遺言者名、作成年月日などを検索して調査することが可能です。**

公証役場に調査を依頼する場合は、相続人などの利害関係人であることを証明するために戸籍謄本類や本人確認書類などを持参して、最寄りの公証役場に相談するといいでしょう。

Q76 遺言は「検認」が必要と聞きましたが、どんな手続きを行いますか？

極力速やかに

家庭裁判所に検認の申立てを行う

遺言書を発見した相続人（または遺言書の保管者）は、遺言者（遺言を遺す人）の死亡を知ったら、遅滞なく遺言書を家庭裁判所に提出して、「検認」の手続きを請求しなければなりません。ただし、公正証書遺言などについては検認の手続きは不要です。

検認とは、相続人に対し遺言の存在およびその内容を知らせるとともに、遺言書の形状、加除訂正の状態、日付、署名など検認日現在における遺言書の内容を明確にして、遺言書の偽造・変造を防止するための手続きです。

検認を受けるときは、遺言者の最後の住所地の家庭裁判所に申立てを行います。すると、裁判所から「検認期日（検認を行う日）の通知」が相続人に届きます。検認期日に出席するかどうかは、相続人それぞれの判断に任されています。

検認期日には、申立人から遺言書が提出され、出席した相続人などの立ち会いのもと、裁判官が遺言書を開封して、検認を行います。検認の終了後は、遺言書に検認済証明書をつけることで遺言の執行ができるようになります。

Q77 遺言で私は相続人から外されていました。どうしたらいいですか？

速やかに1年で時効

遺留分という一定の取り分がある

遺言では必ずしも法定相続分によらず、遺言者（遺言を作成した人）の意思によって誰に、何を、どのように引き継ぐのかを決めることができます。では、本来相続人となる人（法定相続人）が遺言で相続人から外されていた場合、何も相続できないのでしょうか。

相続人の中には、相続財産が生活するうえで重要な財産となる人もいます。そうした相続人の持ち分（取り分）については法律上、一定の保護がされています。これを「遺留分」といいます。

●遺留分とは

遺留分とは、相続人に法律上認められた相続財産の相続割合のことをいいます。遺留分があるのはすべての相続人ではなく、兄弟姉妹（第3順位）以外の相続人となります。

遺留分として認められる相続割合は、「法定相続分×遺留分割合」によって求められます。遺留分割合は、原則として被相続人の財産の【2分の1】です。直系尊属（父母）だけが相続人の場合に限り、被相続人の財産の【3分の1】とされます。例えば、子供だけが相続人の場合、遺留分は【2分の1】（1×2分の1）となります。相続人が配偶者と子供の場合、子供の遺留分は【4分の1】（2分の1×2分の1）となります。配偶者と父母（第2順位）が相続人で、配偶者のみに相続するという遺言があった場合には、父母の遺留分は【6分の1】（3分の1×2分の1）となります。

●遺留分侵害への対応

では、遺留分が認められる場合に、遺留分を侵害して相続がされるとどうなるのでしょうか。

遺留分を無視した遺言書であっても、それだけで直ちに遺言が無効になるわけではありません。しかし、**遺留分を侵害された人（遺留分権利者）は、本来取得できる相続割合を限度に、遺留分を金銭として取り戻**

すための請求ができます。これを「遺留分侵害額請求」といいます（民法1046条）。すなわち、遺留分を金銭的価値に置き換えて、金銭を請求することで遺留分権利者の保護を図ることができるのです。

ただし、遺留分侵害額請求は遺留分権利者が、相続の開始および遺留分を侵害する遺贈（または贈与）があったことを知ったときから1年間（相続開始時から10年）の時効により消滅するので注意が必要です（民法1048条）。

相続開始前に遺留分は放棄できない

相続人の遺留分

● **遺留分の計算式**
法定相続分×遺留分割合
（原則【2分の1】）

【例】
● **相続人が子供だけの場合、遺留分は【2分の1】**
（法定相続分1×遺留分割合2分の1）
● **相続人が配偶者と子供の場合、子供の遺留分は【4分の1】**
（法定相続分2分の1×遺留分割合2分の1）
● **相続人が配偶者と父母の場合、父母の遺留分は【6分の1】**
（法定相続分3分の1×遺留分割合2分の1）
※法定相続分は106㌻を参照。

● 遺留分の放棄

相続人に遺留分をあらかじめ放棄させて、遺言書を作成することはできるのでしょうか。

もちろん、**遺留分侵害額請求を行うかどうかは、遺留分権利者の自由です。ただし、それは、あくまで相続開始後のことになります。**相続開始前に遺留分を放棄することは、家庭裁判所の許可がない限り認められません（民法1049条1項）。したがって、相続開始前に遺留分を放棄させようとしても制約があるので注意しましょう。

また、あらかじめ遺留分を取得しない場合として、「相続欠格」や「相続廃除《はいじょ》」があります（相続欠格と相続廃除についてはQ66参照）。

● 遺言書を作成する場合の注意

上記のように、法定相続人の中には遺留分を取得できる人がいます。この**遺留分を無視して遺言書を作成すると、相続開始後に遺留分の請求をめぐって相続人の間で紛争になるおそれがあります。**遺留分が想定される場合には、事前に遺留分の分割方法についても配慮して遺言書を作成しましょう。

Q78 相続手続きの書類を簡略化できる制度があると聞きました。どんな制度ですか？

提出する書類が大幅に減る

2017年から、相続手続きの書類を大幅に簡略化できる**「法定相続情報証明制度」**が始まりました。

この制度では、登記所（法務局）に出生から死亡までの一連の戸籍謄本類に、**相続関係を一覧にした図（法定相続情報一覧図）**を提出すると、登記官が**その一覧図に認証文を付した写しを無料で交付してくれます**。相続手続きでは、複数の金融機関で相続手続きをする場合や、不動産の登記手続きをする場合など、さまざまな相続手続きで戸籍謄本類の提出が求められ、そのたびに戸籍謄本類の取寄せや、原本還付と再提出をくり返すという煩雑さがありました。

しかし、**この制度を一度利用すれば、法定相続情報を登記官によって証明されるため、以降の相続手続きはこの法定相続情報さえあれば足りることになります**。なお、法定相続情報証明制度のくわしい内容や手続きの流れは法務局のホームページなどで公開されているので、そちらで確認してください。

法定相続情報証明制度の利用の流れ

1 戸籍謄本類の収集 → 2 法定相続情報一覧図の作成 → 3 申出書の記入・登記所へ申し出

↓

法定相続情報一覧図の写しの交付

この写しを金融機関などへ提出

法定相続情報一覧図の写しには、被相続人や相続人に関する戸籍謄本類の記載がすべてまとめられている。相続手続きでは金融機関などから複数の戸籍謄本類の提出を求められるが、こうした書類の束を１つの法定相続情報一覧図の写しで代用できる。しかも、この写しの交付は１ヵ所の登記所で受けられる。

速やかに

Q79 手続きに必要な「住民票」や「印鑑登録証明書」は役所に行かないと取得できませんか？

速やかに

郵送や電子申請での取得も可能

相続手続きには「戸籍謄本」や「住民票」、「印鑑登録証明書」などの書類が必要なことはQ64で解説したとおりです。

戸籍謄本や住民票などの相続手続きに必要な書類は、被相続人（故人）や相続人の住所地を管轄する市区町村役場に行ってその窓口（戸籍課や住民課など）で申請すれば、簡単に取得することができます。

ただし、必ずしも市区町村役場に行かなければならないというわけではありません。**市区町村役場にもよりますが、郵送や電子申請などで取得できるところも増えてきています。**くわしくは、管轄する市区町村役場の窓口に問い合わせてください。

マイナンバーカードを持っている人は、市区町村役場の窓口だけでなく、全国のコンビニエンスストアでも取得することが可能です。コンビニエンスストアで取得できる書類は、住民票の写し、住民票記載事項証明書、印鑑登録証明書、各種税証明書、戸籍証明書、戸籍の附票の写しなどとなっています。

海外に居住する相続人の場合

相続人の中には、海外に居住している人がいるケースもあるかもしれません。

海外居住者の場合は、市区町村役場に印鑑登録の届け出をしていないことも考えられます。その場合、新たに実印の届け出をしない限り印鑑登録証明書を発行してもらえません。

そこで、**印鑑登録証明書に代わる「署名証明書（サイン証明書）」で代替できる場合があることを知っておくといいでしょう。**署名証明書は、国によって異なりますが、世界じゅうに置かれている日本領事館やその国の公証役場で認証申請をすると発行してもらえる場合があります。

第6章

相続手続き②

[相続財産]や[遺産分割]手続きについての疑問11

ことぶき法律事務所
弁護士 佐《さ》藤《とう》省《しょう》吾《ご》

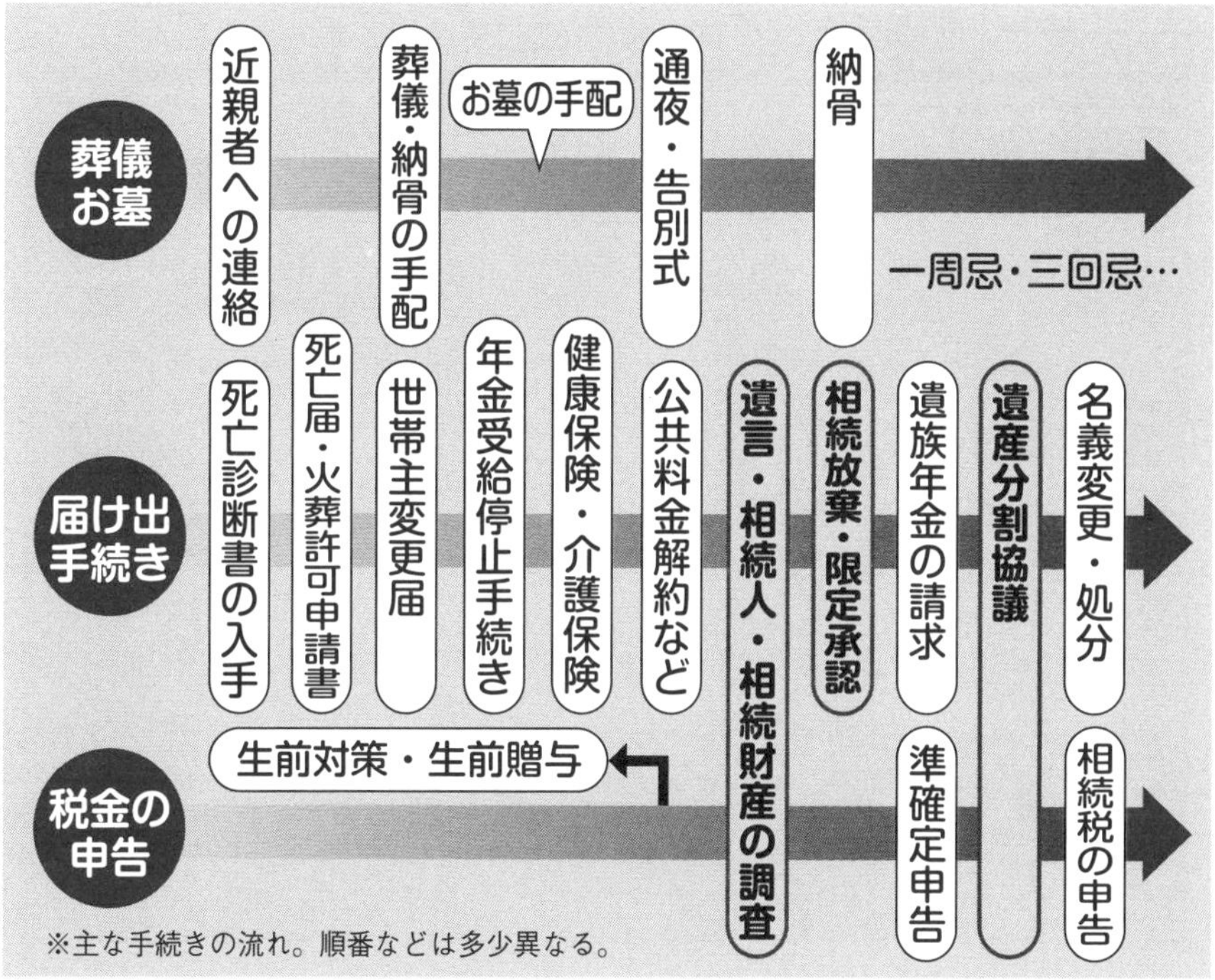

相続財産の調査は速やかに！死後３カ月を過ぎると相続放棄できなくなる！

相続税の申告は死後10ヵ月以内なので遺産の調査は速やかに行うことが肝心じゃ借金も含めて
10ヵ月以内か…厳しいな
シュパッ
相続放棄や借金を差し引いた残りの財産だけ相続する限定承認も選択できるがこれらは3ヵ月以内に決めなくてはならん
3ヵ月
えぇっ3ヵ月以内だって!?
何かまずいことでも……?
継男に事業やこの家を継いでもらうんだから私と定江は相続を放棄するけど…
問題は学ね遺産がほしいのかどうか…
あいつはもらうつもりだよ大学まで出してもらって東京で勝手にやってるくせに!
いずれにしても相続財産を一刻も早く確定させて相続放棄・限定承認の申告期限までに遺産分割協議を行う必要がある
うーん…
遺産分割協議かぁ
安心して!私たちで相続放棄するように学を説得するから
捕まえてくるわね
ムシ…
?

Q80 「相続財産」とはなんですか？「借金」も相続財産ですか？

極力速やかに

死亡時のすべての権利義務を承継

相続では、相続開始のとき、すなわち亡くなったときに存在した財産に属する一切の権利義務を承継するとされています（民法896条）。

つまり、**相続財産とは、亡くなった人が有していた財産（権利義務とされるもの）のすべてが含まれることになります**（一般的には「遺産」ともいい、これも相続財産と同じ意味で使われる）。そのほか、いわゆる「形《かた》見《み》」というのも、広い意味では相続財産に含まれます（相続財産のうち「動産」に当たる可能性がある）。

財産は権利義務によって引き継がれるため、「物」だけに限定されていません。契約上の地位（売買契約の売り主や買い主の地位、賃貸借契約の貸し主や借り主の地位）なども相続によって引き継がれることになります。

● **積極財産と消極財産**

相続財産は、相続人にとって、プラスの価値がある「積極財産（資産）」と、マイナスの価値しかない「消極財産（負債）」とに分類できます。

積極財産には、不動産、動産、預貯金、有価証券などがあります。一方、消極財産には、滞納した税金、借金などがあります（左ページの図参照）。

このように、相続財産にはマイナスの価値しかないものもありますが、権利義務として引き継ぎますから「借金を返す義務」というものも、相続の対象となります。

では、亡くなった人に借金がある場合、相続はどうしたらよいでしょうか。まず、相続財産のすべてを把握する必要があります。相続財産の探し方は、Q81を参照してください。

すべての相続財産を把握したうえで、プラスの財産（積極財産）よりマイナスの財産（消極財産）が上回る場合、つまり借金のほうが多い場合には、相続をしないという選択も可能です。この手続きを「相続放棄」

といいます。相続放棄の手続きについては、Q84を参照してください。

代理権や組合員の地位は相続不可

● 生命保険金は相続財産？

相続財産についてよく誤解されやすいものに、生命保険契約の「生命保険金（死亡保険金）」があります。生命保険では保険契約者、保険金支払者、保険金受取人の関係があり、保険証書などでその保険契約の内容をきちんと確認しておくことが必要です。

生命保険について受取人が指定されている場合、給付される保険金は受取人の固有の財産であると考えられています。つまり、受取人が直接手にできる財産であるため、相続財産の範囲には含まれないことに注意が必要です。

生命保険金は相続財産に含まれないので、相続人の一人しか受取人に指定されていない場合でも、他の相続人は保険金を受け取ることはできないことになります。

● 相続財産に含まれないもの

前述のように、権利義務とされるものはすべて相続財産に含まれますが、亡くなった人の一身に専属したものは相続財産には含まれないとされています（民法896条但書）。

一身に専属というのは、亡くなった人にしか存在しない権利義務の関係のことをいいます。例えば、代理権、雇用契約上の労働者の地位、組合契約上の組合員の地位などです。

積極財産と消極財産

積極財産	消極財産
● 不動産（土地・建物など）	● 税金
● 動産（自動車、家財道具、貴金属など）	● 地代・家賃
● 現金・預貯金	● 借金
● 有価証券	● 保証債務
● ゴルフ会員権	
など	など

相続財産には、積極財産と消極財産がある。積極財産よりも消極財産のほうが多い場合には、相続放棄をするという選択肢も可能。

Q81 相続財産を探す手がかりになるものはありますか？

極力速やかに

郵便物には探すヒントが数多くある

相続が発生したさいに問題となるのが、「相続人」と「相続財産」の調査です。相続の対象となる相続人が誰であるのか、どのような財産があるのかを把握することが重要になります。

相続トラブルをさけるためにも、生前に「遺言」を作成しておくといいでしょう。遺言の作成については、Q74を参照してください。また、亡くなる前に、家族でどのような財産がどこで保管されているのかを確認しておくことも大切です。

●郵便物がヒントになる

では、遺言も作成しておらず、突然亡くなってしまったようなケースでは、どのように相続財産を調査すればよいでしょうか。

まず確認したいのが「郵便物」です。郵便物には相続財産を探すヒントが数多くあります。

銀行や証券会社などからの通知・案内があれば、そこに預金口座、証券口座を持っている可能性が高いでしょう。銀行や証券会社には、相続人であることを証明すれば口座の照会をできる場合があります（具体的な照会方法は金融機関などにより異なる）。

また、郵便物の中には、支払証明や引落しを実行した領収書などがある場合もあります。そこから支払方法、引落し口座などを調べると、口座の存在を把握できることがあります。

そのほかにも、地方公共団体からの税金や社会保険料の通知、税務署からの固定資産税の納税通知書などからも、負債や不動産の存在を確認できます。特に不動産（課税対象に限ります）については、届いた固定資産税の納税通知書に土地の地番、建物の家屋番号が記載されているので、そこから所有不動産の詳細を確認することが可能です。ただし、固定資産税の納税通知では税務署（都税事務所）が居住者や相続人を調査して通知するケースがあり、死亡後しばらくたつと相続人に連絡があることもあります。

●自宅などを探す方法

前述のように、郵便物をヒントに郵便物を探すほかにも、自宅のたんすなどをくまなく探して財産の所在を確認する必要があります。

具体的には、**銀行預金の場合は預金通帳やキャッシュカード、不動産の場合では不動産権利証、登記済証、売買契約書、登記事項証明書などの契約書関係などが考えられます。**日ごろからこのような貴重品を保管している場所を確認しておくことも大事です。

金融機関の「貸金庫」を利用しているケースもあります。最寄りの金融機関に、貸金庫の利用がないかどうかを照会してみるのもいいでしょう。

●借金などの負債を確認する方法

借金などのマイナスの財産（負債）を把握する方法についても、上記の方法は有効です。さらに、**負債について支払いがあるものについては、預金通帳に記帳されている「取引履歴」が参考になります。**

預金通帳の取引履歴を見て、まずは定期的に引き落とされている取引内容を確認します。必要に応じて照会するなどして、引落しの原因となった債務の内容を確認することが重要です。

定期的な引落しの中には、保険契約の保険料の引落しなどもあります。取引内容を保険会社に照会すると、生命保険が掛けられていて、生命保険金の給付を受けられた、というケースもあります。

また、クレジットカード会社や銀行などの金融機関から継続的に定額の引落しがある場合には、キャッシングの利用などによって借入れがあるケースが考えられます。こちらも取引内容を確認して、問い合わせるといいでしょう。

相続財産を探す手がかり

郵便物
- 銀行や証券会社などからの通知・案内
- 支払証明や引落しを実行した領収書
- 地方公共団体からの税金や社会保険料の通知
- 税務署からの固定資産税の納税通知書　など

自宅の中
- 預金通帳
- キャッシュカード
- 不動産権利証
- 登記済証
- 売買契約書
- 登記事項証明書　など

その他
- 金融機関の貸金庫　など

Q82 スマホやパソコンに残る「デジタル遺品」はどう扱ったらいいですか？

相続した人が処分・管理できる

「デジタル遺品」とは、亡くなった人が生前に管理していた、パソコンやスマホなどの電子機器内に保存された写真、文書、連絡先、ID（個人の識別情報）やパスワードといったアカウント情報のことです。

近年では、若い人だけでなく幅広い世代の人がスマホやタブレットを使用しています。そこで問題となっているのが、被相続人（故人）のパソコンなどを使おうとしても、IDやパスワードがわからないため開くことができない、パソコンの中にあるファイルにアクセスできないといったトラブルです。

最近はネットバンクの利用も盛んで、そもそも預金通帳がないというケースもあります。預金通帳などのヒントがない分、ネットバンクは相続財産と気づきにくいので、生前にネットバンク口座の有無を伝えるなどの対策を取っておきましょう。

ちなみに、法律上はデータそのもの、いわゆる「情報」は単独では保護の対象とされておらず、データそのものが相続財産と見なされるのはまれでしょう。多くの場合、その情報が記録されている媒体（パソコンやスマホ）を動産として相続し、相続した人がその中のデータを処分・管理できると考えられます。

また、パソコンやスマホの中にあるデータの多くは個人が使うものであり、それ自体に財産的価値はありません。そのため、デジタル遺品となりそうなものは生前に処分・整理しておくのが望ましいでしょう。

しかし、継続的な利用契約（有料サイトの契約など）は亡くなるまで利用することが多いと思います。こうした契約の多くは、死亡後も解約手続きをしない限り契約が継続してしまいます。

残された家族のために、解約手続きに必要なIDやパスワードなどのアカウント情報を事前に引き継いでおきましょう。

速やかに

Q83 相続財産がどれくらいあると「相続税の申告」が必要ですか？

10ヵ月以内

基礎控除を上回ると申告が必要

財産を相続した場合には、相続税の申告が必要となる場合があります。

相続が発生したら、おおよそ予測される相続財産の総額をもとに相続税の申告が必要になるかどうかを判断しましょう。

相続税には、「基礎控除」という非課税の対象となる範囲があります。相続した財産の総額が、この基礎控除の範囲内であれば、相続税の申告は不要となります。

基礎控除は「基本の3000万円」の枠と「法定相続人が1人増えるごとに600万円の追加分」の枠があります。例えば、夫が死亡し、法定相続人が妻と子供1人の場合、相続人が2人なので、相続税の基礎控除は4200万円まで認められます。つまり、Q80で説明した相続財産の範囲から相続財産の総額が、4200万円以下なら基礎控除の範囲内で非課税となるため、そもそも相続税の申告は不要となります。

一方、**相続財産の総額が基礎控除を上回った場合には、相続税の申告が必要になります。**その場合の相続税の申告や手続きなどについては第8章でくわしく解説されているので、そちらをご覧ください。

被相続人の住所地の税務署に申告

相続税の申告を行う場所は、被相続人（故人）の住所地の所轄税務署となります。相続人の住所地ではないので、注意しましょう。

また、相続税の申告には期限があるので、注意してください。

被相続人が亡くなったことを知った日（相続開始日）の翌日から起算をして、10ヵ月以内に相続税の申告をする必要があります。申告期限は1年間と誤解されやすいので、「10ヵ月」という期間はきちんと覚えておくといいでしょう。

Q84 相続財産よりも借金が上回りました。「相続放棄」はできますか？

3ヵ月以内

裁判所での手続きが必要になる

相続が開始した場合、相続人は法律上、次の3つの選択肢《し》があります。

①相続人が被相続人（故人）の財産の権利義務をすべて引き継ぐ「単純承認」。

②相続人が被相続人の財産の権利義務を一切引き継がない「相続放棄」。

③相続財産のうち積極財産（資産）と消極財産（負債）の額が正確にわからず、借金を返しても財産が残る可能性がある場合などに、相続人が得た相続財産を限度として被相続人の債務の負担を引き継ぐ「限定承認」。

このうち、①の単純承認は、言葉が難しいものの、一般にいう「相続をする（した）」という状態のことで、裁判所への手続きは不要です。しかし、②の相続放棄と③の限定承認については法律上、家庭裁判所へその旨の申述を行わなければなりません。

ここでは②の相続放棄について、くわしく説明します（③の限定承認はQ85参照）。

被相続人に多額の借金がある場合、相続をして借金を返す立場を引き継ぐことはさけたい、と考える人は多いと思います。また、積極財産である不動産や預貯金がほとんどなく、相続財産を全くもらっていない場合には、「相続放棄をしている」と考えてしまう人も少なくありません。

しかし、相続は法律上、相続が開始したときに自動的に相続がされたものと考えられています。つまり、自分が実際に不動産や預貯金などの相続財産を受け取っていなくても、法律上は相続によって取得したものと判断されてしまうわけです。

このことは、消極財産、すなわち借金についても同様です。したがって**相続放棄、つまり相続をしたくないという意思表示は、明確に裁判所の手続きに則って**

行う必要があります。

相続放棄の申述は3ヵ月以内に！

相続放棄をする場合のポイントは、**「自分が相続人であることの証明」「申述する期間」「申述する先」の3つです。**順番に見ていきましょう。

まず、**自分が相続人であることの証明。相続放棄ができるのは相続人に限られているので、相続放棄をするさいには、自分が相続人であることを示す必要があります。**具体的には、被相続人の戸籍謄本（死亡の記載のある戸籍謄本）や相続放棄をする自分自身の戸籍謄本などを提示して、相続人であることを確認してもらいます。

次に、**申述する期間。相続放棄をする場合に注意が必要なのが、この申述する期間です。申述は法律上、死亡による相続の開始があったことを知ったときから3ヵ月以内にしなければならない、と定められています**（民法915条）。3ヵ月と期間が短いので、相続が開始されたと知ったら速やかに行動をしましょう。

ただし、3ヵ月という期間は「亡くなった日から」ではなく、「相続の開始があったことを知った日から」です。死亡した事実を知らなかった期間については、この3ヵ月には含まれません。なお、裁判所の許可を得れば、相続放棄をするかどうかを判断するために、申述の期間を延長できる場合があります。

最後の**申述する先は、被相続人が住んでいた最後の住所地を管轄する家庭裁判所となります。**家庭裁判所には相続放棄の申告に必要な書類などの書式もあるので、わからないことがあれば管轄の家庭裁判所に問い合わせるといいでしょう。管轄の裁判所は、裁判所のホームページから探すことができます。

相続放棄のポイント

① 自分が相続人であることの証明
被相続人の戸籍謄本、相続放棄をする自分自身の戸籍謄本を家庭裁判所へ提示して、相続人であることを確認してもらう。

②申述する期間
死亡による相続の開始を知った日から3ヵ月以内。相続開始日（亡くなった日）からではなく、亡くなったことを知った日から3ヵ月であることに注意。

③申述する先
被相続人が住んでいた最後の住所地を管轄する家庭裁判所。わからないことがあれば、問い合わせるといい。管轄の裁判所は、裁判所のホームページから探すことができる。

Q85 借金がいくらあるか不明。差し引いた「プラス財産」だけを相続できますか？

3ヵ月以内

「限定承認」を行えば可能に！

相続財産のうち積極財産（資産）と消極財産（負債）の額が正確にわからず、借金を返しても財産が残る可能性があるような場合、相続人が得た相続財産の限度として被相続人（故人）の債務を引き継ぐことができます。これを「限定承認」といいます。

限定承認では、相続人の代表者が相続財産管理人となって相続財産を調査した結果、借金が上回れば、相続財産を換価して弁済する限りでしか相続をしません。つまり、相続した財産の範囲で借金の返済をすればいいのです。逆に、資産が上回れば、借金を返済して残額（プラス財産）を相続財産として相続します。

限定承認は、相続人全員で行う必要があります。また、限定承認をする場合のポイントは、基本的に「相続放棄」と同様です（くわしくはQ84参照）。

Q86 相続人がたくさんいます。遺産を分け合う「遺産分割協議」はどう行いますか？

原則
10ヵ月以内

相続人全員で話し合う必要がある

相続財産の範囲がわかったら「遺産分割協議」を行いましょう。遺産分割協議とは、相続人どうしで遺産を分ける話し合いのことで、その結果を書面にまとめたものを「遺産分割協議書」といいます。

遺産分割協議を行う前提は、①相続人全員、②遺産の範囲です。

まず、遺産分割協議では、相続人全員で協議を行い、同意する必要があります。この相続人全員というのがポイントで、相続人全員でないと、その分割は無効であり、遺産分割協議のやり直しとなる可能性があります。遺産分割協議をする前には、必ず戸籍謄本などで相続人全員がそろっていることを確認します。

次に、**遺産分割協議では、相続財産すべてを分割します。**

ただし、相続財産の一部にもれがあったからといって、すでに遺産分割した財産まで協議をやり直すことにはなりません。遺産分割協議後に発覚した相続財産のもれは、その財産のみを対象にして遺産分割協議を行えばいいのです。

とはいえ、遺産分割協議は相続人全員の同意が必要であり、遺産分割協議書の作成には必要な書類の準備などがあるため、なるべく1回で遺産分割協議が整うように遺産の範囲はしっかり確認しましょう。

分割協議に決まったやり方はない

遺産分割協議は相続人どうしの話し合いなので、その方法はどのようなやり方でも問題ありません。

相続人全員が直接話し合う必要はなく、最終的に遺産分割協議書に署名・押印をすることで同意するという意思表示さえあれば、遺産分割協議書は有効です。

対面での話し合いのほか、メールや手紙で連絡を取って合意をして遺産分割協議書を作成するという方法でもかまいません。

重要なのは、誰が、何を、どれだけ相続するのかという点について相続人全員の同意を得ているということです。

Q87 「遺産分割協議書」はどのように作成しますか？

原則
10ヵ月以内

多くの手続きで提出が求められる

Q86で、相続人どうしで相続財産をどのように分けるのかを話し合う遺産分割協議をする必要があることを説明しました。**遺産分割協議が整ったら、協議の結果を「遺産分割協議書」という書面にまとめて、相続人全員で署名・押印を行います。**

相続人どうしで相続財産の分け方などについて意見

が割れているようなことがない場合には、遺産分割協議書を作成する必要はない、と考える人が多いと思います。

しかし、**実際に相続財産を処分しようとすると多くの場合、遺産分割協議書の提出を求められます。**例えば、被相続人（故人）名義のマンションを相続する場合や、相続人が複数いる場合には、誰の所有（共有）なのかを確認するため、遺産分割協議書が必要になります。

不動産の所有権移転登記をするときも、法務局に遺産分割協議書を登記原因証明として提出することが必要です。また、銀行預金の解約・引出しに遺産分割協議書の提出を求める金融機関もあります（遺産分割協議書に代えて金融機関所定の手続き書類に相続人全員の署名・押印を求められる場合もある）。

手書きでもパソコンでも作成できる

遺産分割協議書には、誰のどの遺産を、どのように分割して誰が相続するのかを明記します。表題は「遺産分割協議書」とすることが多いのですが、書式は自由で、手書き・パソコンを問いません。

特に重要なポイントは、相続財産を具体的に記載することです。例えば、不動産（土地）の場合は、「所在」「地番」「地目」「地積」を、不動産（建物）の場合は、「所在」「家屋番号」「種類」「構造」「床面積」などを記載します。記載のさいは、登記簿謄本を参考にして正確に記入しましょう。

金融機関の預金の場合は、「金融機関名」「支店名」「口座番号」「口座名義」「（相続）金額」などを記載します。こちらも通帳などの口座情報がわかるものを参考にして正確に記入してください。

このようにして遺産分割協議書の書面を作成したら、相続人全員で署名・押印を行います。相続人全員が署名・押印をすることで、有効な遺産分割協議書が作成できます。

日本の場合、本人確認と本人の意思確認は多くの場合、「実印＋印鑑証明書」の提出によって行われます。**遺産分割協議書は、相続人全員の署名と実印での押印によって作成し、実印について印鑑証明書を添付するのが一般的な作成方法です。**

遺産分割協議書の作成例

遺産分割協議書

令和▲年7月31日、東京都港区□□□3丁目■番10号　●●一郎（最後の本籍　東京都文京区□□□1丁目■－5）の死亡によって開始した相続の共同相続人である●●花子、●●太郎及び洋子は、本日、その相続財産について、次のとおり遺産分割の協議を行った。

1．次の資産は、●●花子がすべて単独で取得する。

（1）所　在　　東京都港区□□□3丁目
　　地　番　　■番10
　　地　目　　宅地
　　地　積　　○○.○○㎡

（2）所　在　　東京都港区□□□3丁目■番10
　　家屋番号　▲番10
　　種　類　　居宅
　　構　造　　木造2階建て
　　地　積　　1階　○○.○○㎡　　2階　○○.○○㎡

2．次の資産は、●●太郎がすべて単独で取得する。

△△銀行中央支店　普通預金　口座番号1111111　金300万円
□□銀行大通支店　普通預金　口座番号1111111　金500万円

相続財産を、具体的に記載する

本遺産分割協議の成立を証するため、本協議書を3通作成し、署名捺印のうえ各自1通を保有する。

令和▲年8月31日

住所　東京都港区□□□3丁目■番10号
　　　　氏名　●●　花子

住所　東京都港区□□□3丁目■番10号
　　　　氏名　●●　太郎

住所　埼玉県△△△市○○17丁目▲番10号
　　　　氏名　●●　洋子

相続人全員で署名・押印（実印）し、印鑑証明書を添付する

Q88 遺産分割協議がまとまりません。相続手続きをどう進めればいいですか？

原則
10ヵ月以内

遺産分割調停を申し立てる

家族や親戚《しんせき》が亡くなると、その相続財産（遺産）の分割について相続人の間で話し合いを行うことになります。しかし、**相続人どうしの話し合いである「遺産分割協議」がまとまらないこともあります。その場合には、家庭裁判所の「遺産分割調停」、または「遺産分割審判」の申立てを行うことになります。**

遺産分割調停は、相続人のうちの1人もしくは複数が申立人となり、ほかの相続人全員を相手方として家庭裁判所に申立てを行うことで始まります。

遺産分割調停では、裁判所の裁判官と調停委員が調停委員会を構成し、当事者双方から事情を聴いたり、必要に応じて相続財産に関する資料の提出を求めたりして、事情をよく把握したうえで、それぞれの相続人がどのような分割方法を希望しているのかを聴取します。最終的に調停案として解決案を提示したり、解決のための助言をしたりして、当事者全員の合意をめざした話し合いが行われます。

調停はあくまで話し合いによる手続きなので、最終的には相続人全員の合意が必要となります。調停では裁判所が関与する形で、話し合いによって相続人全員が納得できる形で調整してもらえるので、遺産分割協議がまとまらない場合には、遺産分割調停の利用を考えるといいでしょう。

遺産分割調停で話し合いがまとまらず、調停が不成立（不調停）になることがあります。また、相続人全員での話し合いが困難といった事情がある場合も考えられます。そのような場合には、家庭裁判所の遺産分割審判を申し立てることができます。

この遺産分割審判では、裁判官が、相続財産に属するもの、または権利義務の種類などのさまざまな事情を考慮して、相続財産の分け方を審判書で決めることになります。

申立て先は相手方の近くの裁判所

遺産分割調停を申し立てる先は、原則として、話し合いでもめている相手方の住所地を管轄する家庭裁判所となります。

家庭裁判所に提出する書類には、申立書のほか、相続人を明らかにする書類（亡くなった人の戸籍謄本、相続人全員の戸籍謄本、相続人全員の住民票または戸籍附票など）があります。特に遺産分割協議では、被相続人（故人）に子供がいないかどうかを確認するために、被相続人の出生時から死亡時までのすべての戸籍（除籍・改製原戸籍）謄本が必要です。取得方法などについては、市区町村役場の戸籍課（住民課）に問い合わせてください。

また、誰が相続するのか（父母・兄弟姉妹・代襲相続）によって、必要となる戸籍の範囲が変わります。事前に家庭裁判所に問い合わせるなど、必要な戸籍がどの範囲なのかをしっかり確認してから申立てをしましょう。

相続財産（遺産）に関する書類の提出も必要になります。不動産の場合は不動産登記事項証明書や固定資産評価証明書、預金の場合は預金通帳の写しや残高証明書などを添付して、提出する必要があります。

なお、**相続財産は法律上、法定相続分に応じて分割されるのが原則的な取扱いとなります。**

調停や審判による遺産分割であっても、原則はこの法定相続分というのが一般的です。もっとも、必ず法定相続分どおりに分割されると決まっているのではなく、当事者間の具体的な事情、財産の管理実態などの事情から総合的に考慮して相続財産の分割方法を調整、決定することになります。

遺産分割調停の流れ

遺産分割調停の申立て
話し合いでもめている相手方の住所地を管轄する家庭裁判所に申し立てる。提出する書類は、申立書、被相続人の戸籍謄本、相続人全員の戸籍謄本・住民票など。

▼

遺産分割調停
裁判官と調停委員が構成した調停委員会を介して相手方と話し合う。

▼

話し合い成立 ▼ **調停成立**

話し合い決裂 ▼ **遺産分割審判**

Q89 遺産分割協議がまとまらず10ヵ月以上たつと税金面で損するというのは本当？

原則 10ヵ月以内

軽減措置が受けられないこともある

相続税の申告には、小規模宅地等の特例や配偶者控除といった「税額の軽減措置」があります。申告期限を過ぎると、こうした軽減措置などが利用できなくなる場合があるので、注意が必要です。

申告期限は、延長などが認められる場合もあります。期限内に申告できそうにないときは、管轄の税務署に相談するといいでしょう。

また、相続税の申告期限を過ぎると、相続税に加えて「無申告加算税」や「延滞税」などがかかってくる可能性があります。税務署で悪質と評価された場合は「重加算税」という重いペナルティがかかることもあるので、注意してください（くわしくは第8章参照）。

Q90 配偶者の私は遺産分割すると住む家を失います。どうしたらいいですか？

極力 速やかに

配偶者居住権の取得で解決！

夫（または妻）の死亡後も、遺された配偶者は住み慣れた家で生活を継続する必要があります。そこで、配偶者が、無償で同じ住居に住む権利を取得できるようになりました。これを「配偶者居住権」といいます。

遺された配偶者は、遺言や、遺産分割協議による相続人の合意などによって、配偶者居住権を設定された場合に配偶者居住権を取得できます。

配偶者居住権は民法改正により新設され、2020年4月1日から施行されています。法改正前は、配偶者が住居に住みつづけるには建物の所有権を取得するほかなく、所有権の対価として預貯金等の財産は他の相続人に分割するしかありませんでした。

第7章

相続手続き③

相続財産の［名義変更］［処分］についての疑問19

東池袋法律事務所
弁護士 根本達矢《ねもとたつや》

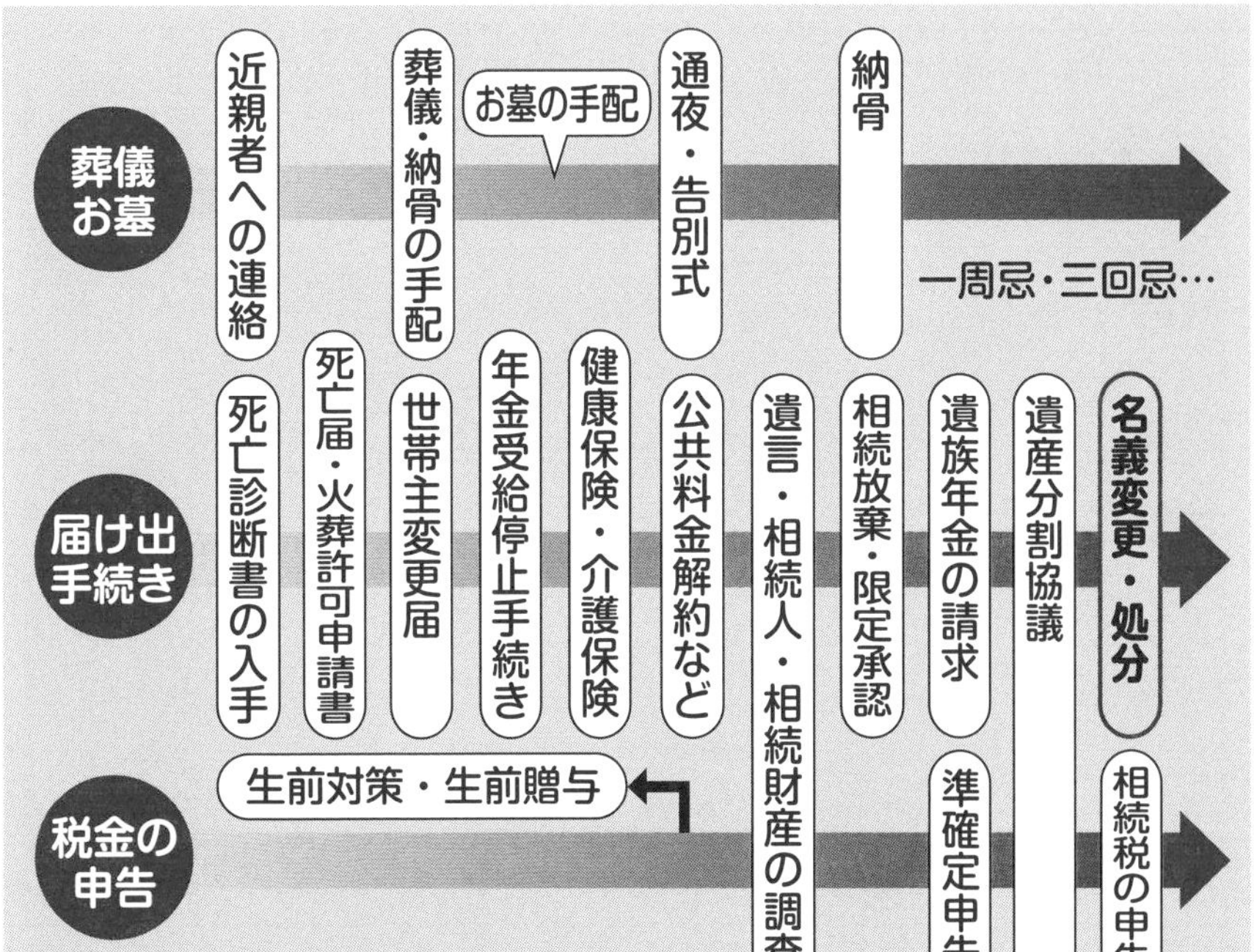

※主な手続きの流れ。順番などは多少異なる。

遺産分割前に時価数千万円の骨董品を破壊！どうすればいいのか？

お父さんの遺品いろいろあるわね
あら この着物ほしいわ
富田貴俊・68歳
長女・柴田達江
次女・高橋晃江
まずは遺品をすべて整理しようよ
骨董品もたくさんあるし
長男・進一郎
骨董品？
いくらになるかしら？
キラッ
あなた 私たち夫婦だけで整理したほうがいいんじゃ…
まあまあ 姉さんたちには頭が上がらないんだ
進一郎の妻・恵子
進一郎の子・宏一朗
どうした？
つっ…壺を落としちゃった！
古伊万里だよ 時価数千万円
す…
遺産分割前に遺品を処分してはいかんのぉ

相続博士
チーン
処分？
壊しちゃったのよ
物を壊しても売却したことと同様処分として扱われる
その壺晃江が相続したらいいんじゃない？
え数千万円もするのよ
じゃあ壺を復元するとか…
しかしかなり難しいぞ
宏一朗接着剤を買ってきて
だけど数千万円はお父さんの言い値さ
自分では蔵の骨董品だけで数億円は下らないといってたけど
すっ数億円!?
専門家に鑑定を依頼したほうがいいかもしれんな
うんそうするよ
きっと偽物よ！
フ…フン

Q91 銀行や信用金庫の「預金」を相続するにはどんな手続きが必要ですか？

原則 10ヵ月以内

残高を確かめてから必要書類を提出

預貯金などの金融資産の相続には、特に期限はありません。しかし、相続税の申告・納税期間は、被相続人が亡くなった日の翌日から10ヵ月以内と決まっています。その期限内に申告・納税を行わないと、無申告加算税や延滞税がかかるので注意してください。

まずは、預貯金の相続の準備をしましょう。

被相続人（故人）の預貯金を相続するには、銀行や信用金庫、ゆうちょ銀行などの金融機関の口座にどれだけ残高があるかを正確に把握する必要があります。

人によっては、公共料金の引落しやクレジットカード決済に使っているメイン口座のほかにも、複数の口座を持っていることがあります。遺品から複数の金融機関の通帳やキャッシュカード、郵便物が見つかったら、それぞれの金融機関に名義人が亡くなったことを通知し、残高を確認しましょう。

残高確認で最も確実なのは、「残高証明」の開示・照会を請求することです。残高証明は、円預金だけでなく、外貨預金、投資信託、債券保護預りなど、取引の種類ごとに分かれています。すべての取引の残高証明を照会すれば、その金融機関にどれだけの資産が残っているのかが正確にわかります。

金融機関に残高証明の開示・照会を請求するときは、相続用の「**残高証明発行依頼書**」を提出します（左ページ参照）。この書類の提出は、相続人全員で行う必要はなく、一人で行うことができます。

残高証明が発行されたら、相続人全員で残高を確認し、それぞれの相続分をどうするかを協議します。話し合いの結果、相続人全員の同意が得られたら、遺産分割協議書にまとめておきましょう。

あとは、相続届などの必要書類をそろえて金融機関に提出します。預貯金などの相続手続きは、委任状があれば代理人が行うことも可能です（Q93参照）。

残高証明発行依頼書の記入例

残高証明発行依頼書

書式は、金融機関によって異なる

株式会社うさぎ銀行 御中　　　令和▲年　8月　31日

被相続人名義の残高証明書を下記の要領で発行するよう依頼します。

被相続人　文響 太郎

相続人（続柄　妻　）
ご住所　〒173－0021
東京都港区虎ノ門▲-■-×
お名前　　　ご実印
文響 花子　（文響）

手続きをする相続人の住所・氏名を記入して実印を押す

次の①または②に必要事項をご記入ください。③に証明日をご記入ください。

① **すべての取引を証明する場合**

☑ すべての取引　各1通　お取引店
（ 赤坂 支店）（　　支店）（　　支店）

② **指定した取引を証明する場合**

お取引の種類	通数	お取引店
□ 円預金	通	（　　支店）（　　支店）（　　支店）
□ 外貨預金	通	（　　支店）（　　支店）（　　支店）
□ 投資信託	通	（　　支店）（　　支店）（　　支店）
□ 債券保護預かり	通	（　　支店）（　　支店）（　　支店）
□ 円貸出金	通	（　　支店）（　　支店）（　　支店）
□ 金融債総合口座	通	（　　支店）（　　支店）（　　支店）
□	通	（　　支店）（　　支店）（　　支店）

口座の残高をもれなく確認する必要があるので、すべての取引に✓を入れる

③ **証明日**
令和▲年　8月　31日　現在

残高証明の発行は有料。手数料の支払方法に✓を入れる。口座振替の場合は、口座番号も記入する

手数料のお支払い　☑ 下記口座から振替　□ 現金　□ 小切手・払戻請求書

店名	店番号	科目	口座番号	お名前	お届け印
品川支店	1 2 3	□ 当座 ☑ 普通	1 2 3 1 2 3 1	文響 花子	（文響）

Q 92 銀行や信用金庫にはどんな書類の提出が必要ですか？

遺言の有無で必要書類は異なる

預貯金などの相続手続きで提出する必要書類は、金融機関によって異なります。最初に金融機関へ死亡通知をしたときに、必要書類を確認しておきましょう。

共通しているのは、手続きをする人の**身分証明書**、**被相続人（故人）の通帳とキャッシュカード**（貸金庫を使っていたらその鍵）、**戸籍謄本**（認証文のついた法定相続情報一覧図の写しで代用できる場合あり）などです。ほかは、遺言の有無で異なります（下の表参照）。

遺言がある場合は、相続届、遺言書、払戻しを受ける人の印鑑証明書が必要です。遺言書の内容によっては、家庭裁判所での検認（Q76参照）を証明する、検認済証明書の提出を求められることがあります。

遺言がない場合は、相続届、相続人全員の印鑑証明書が必要になり、相続分についての協議が成立している場合は遺産分割協議書を提出します。

なお、遺言書や遺産分割協議書がある場合は、相続届を不要とする金融機関もあります。一般的に、金融機関にこれらの書類を提出してから相続手続きが完了するまでには数週間ほどかかります。

極力速やかに

金融機関の相続手続きで提出するもの

共通して必要なもの

手続きする人の身分証明書
故人の通帳、キャッシュカード
相続関係を証明する戸籍謄本など

遺言がある場合に必要なもの

相続届
遺言書（必要があれば検認済証明書）
払戻しを受ける人の印鑑証明書

遺言がない場合に必要なもの

相続届（不要な場合もある）
相続人の印鑑証明書（全員分）
遺産分割協議書（協議成立の場合）

Q93 体が不自由で金融機関に行けません。どうしたらいいですか？

極力速やかに

相続手続きは代行してもらえる

相続人が病気や障害で外出できないときは、相続人以外の人に相続手続きを「代行」してもらうことができます。そのさいには、金融機関に「委任状」をはじめ、所定の必要書類を提出してもらいます。

相続手続きの代行は相続人以外なら親族でもできます。ただし、血縁者であっても、勝手に委任状を提出されないように注意してください。

委任状の書式は金融機関ごとに違いますが、①委任者（被相続人と相続人）の住所・氏名、②受任者（代理人）の住所・氏名、③委任する内容で構成されます。

預貯金の相続手続きの場合、委任する内容は、普通預金や定期預金の払戻し手続き・元金利の受取り、預金口座の解約が主になります。債券や投資信託など有価証券の残高があれば、売却と売却代金の受取り、もしくは名義変更の手続きを行うことになります。貸金庫を使用していたら、閉鎖・内容物の受取りの手続きも行います。

相続届や委任状などの書類は、たいてい金融機関から郵送してもらえます。金融機関に電話などで死亡通知をしたとき、書類の郵送を依頼するといいでしょう。

郵送で書類を取り寄せられる

相続届や委任状などの書類は金融機関で郵送してもらえる。外出できない人は金融機関に電話をし、「窓口での手続きを代理人に任せたい」と伝えればいい。

Q94 株式や債券などの「有価証券」を相続するにはどんな手続きが必要ですか？

証券会社に相続人名義の口座を開設

最近、証券会社に口座を開設して株取引をしたり、投資信託や国債などを購入したりする人が増えています。

証券会社の口座にある有価証券を相続するときは、下のフローチャートの流れになります。

基本的に、銀行や信用金庫の預貯金を相続するときと同様の必要書類を提出して手続きします。**提出書類は、相続届、遺言書**（遺言がある場合）、**遺産分割協議書**（遺言がない場合）、**戸籍謄本、印鑑証明書などです。**

ただし、**証券会社の相続手続きでは、同じ証券会社に相続人名義の「管理口座」を開設しなければなりません**（すでに相続人名義の口座がある場合は、それが管理口座になる）。相続手続きで有価証券の名義が変更されると管理口座に移されます。名義変更の手続きが完了すれば、相続した有価証券の売却が可能になります。

人によっては証券会社を通していない株式や、自分が創業した会社の株式を所有していることがあります。その場合は、株式を発行している会社に電話で直接連絡し、相続手続きの方法を確認しましょう。

速やかに

証券会社での相続手続きの流れ

1 証券会社へ連絡し、取引内容を確認・資料を請求

遺品に証券会社のカード、郵便物がある場合は電話で連絡を取り、生前の取引内容を確認。相続に関する資料を請求する。

▼

2 同じ証券会社に相続人名義の口座を開設する

故人が所有していた有価証券を相続する場合は、同じ証券会社に相続人名義の口座を開設する必要がある。これを管理口座という。

▼

3 必要書類を提出し、有価証券を名義変更する

証券会社へ必要書類を提出し、有価証券の名義変更手続きを行う。手続きが完了すると、有価証券を売却することが可能になる。

Q95 亡き父が掛けていた生命保険の「保険金」を受け取るにはどんな手続きが必要？

速やかに

保険金の請求には保険証券が必要

被相続人（故人）が生命保険に加入していた場合は、**請求すれば相続人（受取人）が保険金を受け取れます。手続きの流れは、下のチャートのとおりです。**

まず、保険会社に連絡して被保険者が亡くなったことを伝えます。次に、契約内容を確認。そのあとに請求書類を提出し、支払いの手続きが完了すれば、受取人の口座へ保険金が振り込まれます。

こうした請求手続きには、「保険証券」が必要です。保険証券とは、保険契約を証明するために発行される書類のことで、証券番号、契約内容（保険金の金額）、契約者が指定した受取人などが記載されています。手もとに保険証券が見当たらなければ、保険会社に再発行してもらうことになります。

なお、請求書類を提出後、事実確認が行われることがあります。病死の場合は医療機関で受けた治療や契約前の病歴、事故死の場合は現場状況を調査して、請求内容に間違いがないかを確認するのです。事実確認の結果、保険金が支払われないこともあります。

保険金を受け取る手続きの流れ

1 保険会社へ連絡し、被保険者の死亡通知を行う

保険証券が見つかったら、その保険会社に死亡通知を行う。保険証券がなくても、保険料の支払い履歴があれば連絡したほうがいい。

▼

2 保険証券がない場合は、再発行してもらう

保険証券があると、すぐに請求手続きを行える。保険証券がない場合には、これを再発行してもらって、契約内容を確認する。

▼

3 請求書類を提出し、手続き完了後に保険金を受け取る

保険金支払請求書、死亡証明書、戸籍謄本、印鑑証明書などを提出する。支払い手続きが完了すると、保険金が振り込まれる。

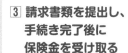

Q96 亡き夫が入っていた住宅ローンの「団信保険」では、どんな手続きが必要？

完済後、法務局で登記の手続きをする

団体信用生命保険（以下、団信保険）は、住宅ローンを組んでいる契約者が亡くなったとき、保険で残りの債務を完済する制度です。団信保険の申請では「住宅ローンを完済する手続き」と「不動産の登記にかかわる手続き」を行います（下のフローチャートを参照）。

まず、住宅ローンを完済する手続きでは、返済中の金融機関に死亡通知をし、相続人が相続届と添付書類（戸籍謄本、遺産分割協議書など）を提出。これにより相続の事実が確認されると、残りの債務は完済となります。

次に、法務局で登記の手続きを行います。住宅ローンを完済しても所有者は被相続人（故人）の名義であり、金融機関の抵当権も設定されたままなのです。

所有者の名義を変更するためには**「所有権移転登記」**を行います。続いて**「抵当権抹消登記」**を行います。この抹消登記は、新たな所有者となった相続人と、抵当権者である金融機関が共同で申請します。

登記の手続きは自分でもできますが、専門知識が必要なので司法書士に委任したほうがいいでしょう。

極力速やかに

団信保険の申請の流れ

1 金融機関へ連絡し、住宅ローンを完済する

住宅ローンを返済中の金融機関に連絡して死亡通知を行い、団信保険の申請書類を提出。すると、住宅ローンの残債は完済される。

▼

2 法務局で所有権移転登記をを行う

住宅ローンが完済されたら法務局で所有権移転登記を行う必要がある。この手続きにより、不動産の所有者が相続人に変更される。

▼

3 法務局で抵当権抹消登記をを行う

続いて、法務局で抵当権抹消登記を行う。これは、所有権登記名義人（相続人）と抵当権者（金融機関など）が共同で申請する。

Q97 「自動車」や「自動二輪」を相続するにはどんな手続きが必要ですか?

陸運局などで登録申請を行う

相続財産の中に**自動車、自動二輪**（小型二輪や原付など）、**自転車**がある場合は、**誰がどれを相続するのかを相続人全員で協議する必要があります**。年式の新しい自動車、高級車などの価値が高く、高価買取りが望めるものは、遺産分割協議書にまとめておきましょう。

協議がまとまったら、相続手続きを行います。

まず、**自動車や自動二輪の相続人は、「登録申請」を行います**。自動車と小型二輪の場合は陸運局で移転登録申請を行い、原付の場合は市区町村役場で手続きします。なお、小型二輪と原付は廃車の手続きをしてから、相続人が改めて登録申請をしなければなりません。

次に、**自転車の相続人は、改めて「防犯登録」を行う必要があります**（移転登録などの手続きは不要）。防犯登録は、店頭に自転車防犯登録所の看板がある自転車店、ホームセンターなどの販売店で行います。

自動車、自動二輪、自転車の相続手続き

自動車の手続き

相続人全員で協議する。相続人の一人の名義にすることも、共同名義にすることも可能。話し合いがまとまったら、陸運局で移転登録申請を行う。

移転登録に必要なもの

- 移転登録申請書
- 申請手数料：500円
- 車検証
- 遺言書または遺産分割協議書
- 戸籍謄本
- 印鑑証明書　など

自動二輪の手続き

誰が相続するかを決める。そして、いったん廃車にし、相続人が改めて登録申請する。小型二輪は陸運局、原付は市区町村役場で手続きを行う。

自転車の手続き

誰が相続するかを決める。移転登録などは不要だが、相続人が改めて自転車防犯登録所の看板がある自転車店、ホームセンターなどで防犯登録を行う。

速やかに

Q98 「不動産」を相続するにはどんな手続きが必要ですか？

売却しなければ所有権移転登記を行う

不動産の相続は、遺言があればそれに準じますが、**たいていは相続人全員で遺産分割協議を行います。**具体的には、次の中から相続の方法を決めます。

①**現物相続**……相続人の一人が、不動産をそのまま相続します。

②**共有相続**……複数の相続人が、不動産を共有財産として相続します。

③**代償分割**……不動産を相続した一人が、ほかの相続人に現金を代償として渡します。

④**換価分割**……不動産を売却し、その代金を持ち分に応じて各相続人で分けます。

①〜④のいずれの場合も、法務局で「所有権移転登記」を行います（換価分割も不動産売却前に相続人名義に変更する必要がある）。この手続きには、登記申請書（左ページ参照）や添付書類（Q99参照）が必要です。

登記が終了したら、**登記識別情報**（昔の登記済権利証の代わりになるもの）を発行してもらいます。登記後は、**相続税の申告・納税**を行わなければなりません。

速やかに

不動産相続手続きの流れ

1 不動産の相続方法を決める（遺産分割協議）

相続人が複数の場合は、遺産分割協議を行い、誰か1人が相続するのか、共有相続するのか、代償分割、換価分割するのかを決める。

▼

2 法務局で所有権移転登記をを行う

どの相続方法を選んでも、土地と建物の所有権移転登記を行う必要がある。登記が終了したら、登記識別情報を発行してもらう。

▼

3 税務署に相続税の申告・納税を行う

故人の死亡後10ヵ月以内に、不動産の相続税の申告・納税を行う。登記事項証明書、固定資産税の評価証明書、実測図などが必要。

登記申請書（法定相続）の記入例

登　記　申　請　書

登記の目的　　所有権移転

原　　　因　　令和　▲年8月　31日相続

> 戸籍上の死亡日を記入する

相　続　人　　（被相続人　文響 太郎　　）

東京都港区虎ノ門▲-■-×
持ち分2分の1　文響 花子 ㊞（文響）

（申請人）東京都板橋区弥生町■-×
（住民票コード 1234567△△△△）
持ち分2分の1　文響 一郎

連絡先の電話番号 03－XXXX－YYYY

> 相続する人の氏名、住所、持ち分を記入。申請人が押印する。住民票コードを記入すると、住民票の写しの提出が省略される

添付情報
　登記原因証明情報　住所証明情報

□登記識別情報の通知を希望しません。

令和　▲年8月　31日申請　東京法務局港出張所

課税価格　　金 2,000万円
登録免許税　金　　8万円

> 課税価格は固定資産の価格（評価額）を、1000円未満切り捨てで記入。登録免許税（課税価格の0.4%）を100円未満切り捨てで記入する

不動産の表示
　不動産番号
　所　　在　東京都港区虎ノ門
　地　　番　▲-■-×
　地　　目　宅地
　地　　積　123.45m²

　不動産番号
　所　　在　東京都港区虎ノ門
　家屋番号　▲-■-×
　種　　類　居宅
　構　　造　木造かわらぶき2階建
　床 面 積　1階　43.00m²
　　　　　　2階　21.34m²

> 登記申請する不動産を、登記記録（登記事項証明書）に記載されているとおりに記入。不動産番号を記入した場合は、所在、地番、地目、地積、家屋番号、種類、構造、床面積の記入を省略できる

Q99 不動産相続時の必要書類は遺産分割協議と遺言による場合で違いますか？

速やかに

えに専門知識も必要なので、司法書士に代理で行ってもらうケースがほとんどです。司法書士に任せる場合は、委任状を用意して相続人全員が署名・捺印しなければなりません。

申請書以外の添付書類に違いがある

不動産の所有権移転登記を行うさい、遺産分割協議と遺言では、登記申請書とともに提出する添付書類にいくつかの違いがあります（下の表参照）。

遺産分割協議による相続の場合は、遺産分割協議書と印鑑証明書（相続人全員分）の提出が必要です。一方、遺言による相続の場合は、遺言書と検認調書（公正証書遺言以外の遺言のときに必要）を提出しなければなりません。

また、どちらの場合も被相続人（故人）と相続人の戸籍謄本などが必要ですが、遺産分割協議による申請では被相続人の死亡から出生にさかのぼった**戸籍・除籍・改製原戸籍謄本**を用意することになります。なお、認証文のついた法定相続情報一覧図の写し（Q78参照）を戸籍・除籍謄本の代わりにできます。

不動産の所有権移転登記は、提出する書類が多いう

登記申請に必要な添付書類

共通して必要な添付書類

不動産を取得する者の住民票の写し
固定資産評価証明書
相続関係説明図

遺産分割協議の場合に必要な添付書類

遺産分割協議書と印鑑証明書（相続人全員分）
被相続人の出生～死亡の戸籍・除籍・改製原戸籍謄本、相続人全員の戸籍謄本など

遺言の場合に必要な添付書類

遺言書、検認調書
被相続人の戸籍・除籍謄本・住民票（除票）の写し、相続人の戸籍謄本など

Q100 「会員権」「骨董品」「死亡退職金」「債務」を相続するにはどんな手続きが必要？

速やかに

いずれも一定の手続きが必要になる

被相続人（故人）から相続する財産は、預貯金や有価証券、不動産だけではありません。**ゴルフ会員権・リゾート会員権といった権利証券、骨董品《こっとう》・美術品・宝石などの動産、故人の勤務先から受け取れる死亡退職金、さらには借金などの債務も相続の対象になります。**

これらのうち債務以外は相続税の課税対象です。相続税の申告・納税は、被相続人の死を知ってから10ヵ月以内に行わなければならないので、早めに手続きを行いましょう。**各相続手続きを下の表にまとめたので参考にしてください。骨董品・美術品・宝石以外は、関係各所で手続きをしなければならず、届出書あるいは申述書、公的書類などの提出が必要になります。**

それぞれの相続手続きの注意点を説明しましょう。

●ゴルフ会員権・リゾート権……売却する場合も、原則として相続人への名義変更が必要です。

その他の相続手続き

ゴルフ会員権・リゾート会員権	⇒ゴルフ会員権、リゾート会員権を相続するときは、管理会社に連絡して名義変更の手続きを行う。不動産の共有持ち分（所有権）がある場合は、所有権移転登記の申請も必要になる
骨董品・美術品・宝石	⇒骨董品、絵画、宝石など換金性の高い動産の相続は、遺産分割協議で決める
死亡退職金	⇒基本的に相続財産だが、受取人が指定されていれば、その人の固有財産（相続ではない財産）になる。いずれの場合も、勤務先に連絡して手続きを行う
債務	⇒借金の債務があるときは、相続放棄または限定承認（財産の限度で債務の負担を受け継ぐ）を選べる。その場合は3ヵ月以内に、裁判所で申述を行う

●**骨董品・美術品・宝石**……相続する人が決まったら、遺産分割協議書に記録しましょう。骨董品・美術品・宝石は、専門家の鑑定による時価で評価されます。買取業者の査定価格、購入価格などが、時価の目安になります。なお、評価額が1点5万円以下の場合、相続税の計算では家財道具一式の扱いとなります。

●**死亡退職金**……死亡退職金の受取人が指定されていない場合は、**「みなし相続財産」**となります。みなし相続財産では、「500万円×相続人の数」が非課税分として控除されます。例えば、相続人が2人で、死亡退職金が1500万円なら、1000万円が控除になって残りの500万円に相続税がかかります。

●**債務**……相続放棄や限定承認を選ばずに債務を相続した場合、相続人全員が法定相続分の債務を負います。例えば、長男一人が債務を引き継いだとします。その取り決めは相続人どうしでは有効ですが、債権者に効力を主張できません。もし、長男が返済できなくなったら、ほかの相続人が債務を負います。これを免れるためには、債務を承継した相続人が債権者の同意を得て**「免責的債務引受契約」**を交わす必要があります。

Q101 相続人でない私が遺言で不動産を相続しましたが、特別な手続きは必要？

速やかに

受遺者だけでは手続きができない

法定相続人以外の第三者が、遺言によって不動産の遺贈を受けた場合には、法務局で名義変更の手続き（所有権移転の登記申請）を行うことになります。

遺贈を受けた不動産の名義変更は、原則として受遺者（遺贈を受けた人）だけではできません。受遺者と遺言執行者、もしくは受遺者と相続人全員で共同申請しなければならないのです。例外として、受遺者と遺言執行者が同じである場合のみ、受遺者が単独で遺贈を受けた不動産の名義変更ができます。

遺言執行人が選任されていなければ、相続人全員との共同申請になりますが、これはトラブルが多く、現実的にはかなり難しいといえるでしょう。

Q 102

「相続財産の処分」とは何？売却だけでなく損壊・破損も含まれるって本当？

随時

財産の処分は単純承認の事由となる

不動産などの「相続財産の処分」は、**売却や贈与だけでなく損壊・破損も含まれます**。損壊・破損とは、自動車を廃車にしたり、居宅を更地にしたりすることです。

相続財産を処分した場合には、全財産を相続する「単純承認」を選んだことの意思表示になります。民法921条に「相続人が相続財産の全部又は一部を処分したとき」に単純承認をしたものと見なす、と定められているのです。これを「法定単純承認」といいます。

単純承認と見なされると、債務を差し引いて残ったプラス財産だけを相続する「限定承認」（Q85参照）や、財産を相続しない「相続放棄」（Q84参照）に変更できないので、相続財産に債務がある場合は要注意です。

ただし、**保存行為、短期賃貸借**（民法第602条で定める期間内）**は相続財産の処分には当たりません**。この保存行為には、老朽化した危険な建物を修繕することも含まれます（腐食した部分の撤去など）。

また、生命保険金や受取人が指定されている死亡退職金は、相続財産ではなく固有の財産なので、相続財産の処分の対象にはなりません。

家の解体は財産の処分に当たる

例えば、故人が所有していた不要な自動車を廃車にしたりすると、財産の処分と見なされる。財産の全部または一部の処分は、民法第921条により単純承認の事由になる。

Q103 相続放棄を主張する弟が相続前に家宝の壺を売却しました。どうなりますか？

相続前の場合

売却の目的、金額で判断される

被相続人（故人）が多額の債務を抱えていたり、相続財産に多額の取壊し費用がかかる家屋が含まれていたりする場合、「相続放棄」（Q84参照）をしたほうがいいこともあります。

相続放棄をするつもりなら、無条件で財産を相続する「単純承認」はさけなければなりません。 Q102でも述べたように、相続財産を処分すると民法第921条により単純承認が成立します。

ただし、**相続財産を処分した目的が、故人の葬儀費用や生前の治療費を支払うためであれば、単純承認の事由にはならないことがあります。**

例えば、相続人が兄弟2人で、相続放棄を主張していた弟が、葬儀費用の支払いのために高価な壺を売却したとします。もし、壺が驚くほど高額で売れたら、単純承認と見なされ、弟は相続放棄を選ぶことができなくなってしまいます。

しかし、壺の売却代金が常識の範囲内で、弟も葬儀費用の一部を自費で負担しているといったケースでは、単純承認にならないことが多いようです。この場合は相続放棄ができます。

単純承認にならないこともある

通常、相続人が相続財産を売却したら単純承認となる。ただし、故人の葬祭費や生前の治療費を支払うために売却した場合は、単純承認にならないこともある。

Q 104

父親から自宅を相続したが住む予定はありません。どうしたらいいですか？

随時

住まない家は売却したほうがいい

親から相続した家に住むつもりがないなら、**売却するか、所有して活用するかを決めなければなりません。**というのも、空き家を放置すると、固定資産税が高くなることがあるからです（Q106参照）。

ただでさえ土地・建物は、所有しているだけで固定資産税が毎年かかります。**相続した家に住まないと決めた場合は、速やかに売却したほうがいいでしょう。**

売却せずに所有して活用する場合、賃貸に出すか、更地にして借地、駐車場にするという選択肢《し》があります。

しかし、賃貸に出してスムーズに借主が見つかるのは立地に優れ、建物（内外装や水回りなど）の状態のいい物件に限られます。これはマンションの場合も同様です。

借地にすると借地料をもらえますが、数十年にわたる契約を交わさなければなりません。貸駐車場やコインパーキングは固定資産税が高いので注意しましょう。

住む予定のない家を相続したら？

売却する

相続しても住む予定がなければ、速やかに売却したほうがいい。

そのまま賃貸

建物の状態がよく、リフォームが不要なら、そのまま賃貸も可能。

借地にする

一戸建てなら、更地にして借地にすれば借地料を得られる。

貸駐車場にする

都市部の一戸建てなら、更地にして貸駐車場にするのもいい。

Q 105

自宅とともに親の遺品を数多く相続しました。どう処分したらいいですか？

随時

買い取ってもらえることも多い

親の自宅を相続すると、家の中に残っている遺品も相続することになります。自動車、骨董《こっとう》品・美術品・宝石など換金性の高い相続財産は遺産分割協議の対象となるため、自宅に残されているのは家財道具が中心で、相続人が使わなければ捨てることになります。

不用品回収業者に依頼して処分する方法もありますが、遺品を粗雑に扱われたり、細かい仕分けを行わずに必要なものまで捨てられたりすることが多いので、相続人が自分で処分したほうがいいでしょう。

まずは、**自宅に残された遺品をいるもの、いらないものに仕分けすることが肝心です。**被相続人（故人）のアルバム、日記、手紙などは間違って捨てないように、一番最初に分けておいたほうがいいでしょう。

次に、**いらないものをゴミとして捨てるのか、リサイクル回収をしてもらうのか、業者に買い取ってもらうのかを、それぞれ決めていきます。**左ジペーの表に遺品の処分法をまとめたので参考にしてください。

多くはゴミとして捨てることになりますが、家電リサイクルやＰＣ（パソコン）リサイクルなど、回収が国から義務づけられているものもあります。

また、中古業者や質屋、古物商などに買い取ってもらえるものもあるので、状態のいいものが残っているなら査定に出すといいでしょう。

本やレコード、ＣＤ、ＤＶＤは買取り単価が安いものの、まとめて引き取ってもらえます。楽器やブランド品は、希少性が高ければ高価買取りが期待できるかもしれません。狙《ねら》い目なのは、故人の入れ歯や差し歯です。金が使われている部分は、貴金属の買取り相場と同じ値段で買い取ってもらえることがあります。

なお、買取り価格が5万円以下なら相続税は「家財一式」としてまとめて評価されますが、5万円を超えるものについては個別の課税対象と見なされます。

不用になった遺品の処分法

家電製品	⇒粗大ゴミに出す ⇒家電リサイクル対象のエアコン、テレビ、冷蔵庫・冷凍庫、洗濯機・衣類乾燥機は回収してもらう
家具	⇒粗大ゴミに出す
食器・鍋	⇒不燃ゴミに出す
寝具	⇒粗大ゴミに出す
パソコン、ディスプレイ	⇒メーカーにリサイクル回収を依頼する ※PCリサイクルマークのついたパソコンは料金不要
衣類	⇒可燃ゴミに出す ※着物は買い取ってもらえることがある
本	⇒資源ゴミに出す ⇒中古業者に買い取ってもらう
レコード、CD、DVD	⇒可燃ゴミに出す ⇒中古業者に買い取ってもらう
楽器	⇒粗大ゴミに出す ⇒中古業者に買い取ってもらう
古切手（未使用品）	⇒郵便局でハガキなどに交換してもらう ⇒専門業者に買い取ってもらう
古札、古銭	⇒質屋や古物商に買い取ってもらう
酒類（未開封品）	⇒質屋や古物商に買い取ってもらう
ブランド品（バッグなど）	⇒質屋や古物商に買い取ってもらう ⇒状態が悪ければ、可燃ゴミに出す
携帯電話、スマートフォン	⇒契約はすぐに解約 ⇒残った端末は中古業者に買い取ってもらう
眼鏡	⇒不燃ゴミに出す
入れ歯・差し歯	⇒可燃ゴミ、もしくは不燃ゴミに出す ※金の部分は買い取ってもらえることがある
補聴器	⇒専門業者に買い取ってもらう ⇒使用ずみの水銀電池は、販売店に持ち込んで処分してもらう

Q106 相続した親の自宅を「空き家」のまま放置しています。問題ないですか？

速やかに

空き家の放置で固定資産税が高くなる

近年、親から老朽化した一戸建てを相続しても住まない人が増え、社会問題になっています。

放置された「空き家」は、倒壊の恐れがあるほか、景観を損なうなど地域の住民にとって大きなマイナスになるので、国も対策に乗り出しています。

２０１５年に「空き家等対策特別措置法」が施行され、有害な「特定空き家」に指定されると土地にかかる固定資産税を減額する「住宅用地の特例」が適用されないことになりました。その結果、特定空き家が建つ土地の固定資産税は以前よりも高額になるのです。

予期せぬ重税をさけるためにも、空き家を売却するなど速やかに対処しましょう。

Q107 父親から相続したマンションを売却する有利な方法はありますか？

随時

買取り業者への売却も選択肢の1つ

両親から相続するマンションは、**築年数が古かったり、内装や設備が劣化していたりするケースが少なくありません。**そのため、不動産業者に売却を依頼しても、都市部や駅の近くなど立地に優れた物件でなければスムーズに成約しないものです。

そこで、**検討したいのが買取り業者への売却です。**不動産の売却には、個人向けと買取り業者向けがあります。買取り業者は、中古マンションを安価に入手し、リフォームしてから転売します。買取り業者への売り値は、個人向けに比べて一般的に8割程度とされていますが、早期に売却でき、契約不適合責任（物件の欠陥に対する責任）が免責される利点もあります。

Q

108

駅近の広い土地を相続しました。有利な土地活用法はありますか？

駅近でも立地によって活用法は変わる

駅から近くて一定の広さのある土地は利便性が高く、都市部であれば賃貸マンション、商業ビル、ホテル、駐車場などのさまざまな活用法が考えられます。

しかし、駅からの距離、土地の形状のほか、駅周辺のエリアが住居地域か、商業地域か、工業地域かによって向いている活用法は違ってきます。

特に、市街地再開発事業（公共施設を整備しながら住宅・業務施設を近代化する総合的な街づくり）が予定されるエリアでは建築制限が厳しく、思うようにビルやマンションを建てられないので要注意です。

もし、**駅近の広い土地を相続したら、まずは不動産会社に相談するといいでしょう。**土地開発に実績のある不動産会社なら、それぞれの土地ごとに合った活用プランを提案してくれるほか、ビル・マンションの建設、完成後の仲介までをまとめて行ってもらえます。

駅から近い土地の活用法

賃貸マンションを建てる

駅から徒歩数分の距離なら、賃貸マンションの需要がある。

商業ビルを建てる

駅前の立地なら、飲食店や商業施設用のテナントビルが最適。

ホテルを経営する

都市部ならビジネス客、観光客の集客が期待できる。

貸駐車場にする

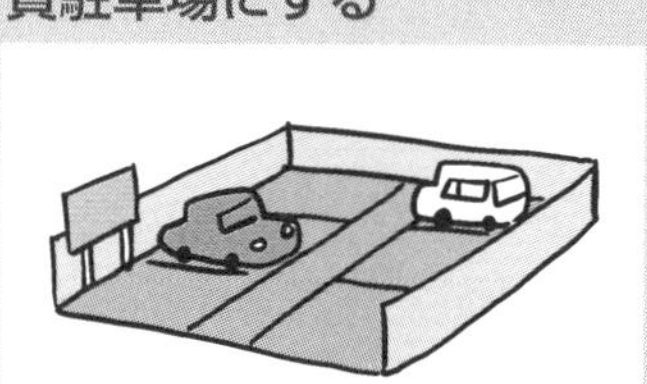

固定資産税は上がるが初期費用が安く、土地の転用もしやすい。

随時

ただし、**ビルやマンションを建てる場合は、億単位の建設費がかかります。それだけの自己資金を用意できなければ、土地を担保にして金融機関から融資（アパートローンやプロパーローンなど）を受けなければなりません。**金利、借入額、借入期間はケースバイケースです。駅から近い土地で、公示地価が高ければ、それなりの借入額が期待できるでしょう。

融資を受けてビルやマンションを建てた場合、通常は20年、30年にわたってローンを返済していきます。その間、ビルやマンションの収益から滞りなくローンを返済しなければなりません。長期にわたって返済責任を負うことになるので留意しておきましょう。

将来、ビルやマンションを建てるために、土地を転用しやすくしておきたいなら、専門会社に土地を一括して借り上げてもらい、コインパーキングを運営してもらう方法もあります。コインパーキングの場合、業者の取り分は3割、土地オーナーの取り分は7割が相場なので、まずまずの収益が得られます。

なお、貸駐車場やコインパーキングは、固定資産税が高いというデメリット（欠点）があります。

Q109 相続財産を売却すると所得税の申告は必要ですか？

譲渡益が発生したら申告が必要

相続した資産（不動産、株式など）を売却して譲渡益が発生したら、確定申告が必要になります。

譲渡益とは、資産を取得したときの価格と売却したときの価格差から得られる利益をいいます。これは、課税対象である譲渡所得と見なされるため、確定申告が必要になるのです。ふつう、相続した資産の売却で確定申告が必要になるのは土地を売ったときです。

土地の売却で得た譲渡所得を確定申告する場合、最高3000万円（収用の場合は最高5000万円）の特別控除を受けられます。譲渡益がそれ以下なら税金はかかりません。相続した不動産が「空き家」の場合、この特別控除は特例として2023年12月31日まで受けられます。

確定申告期限

第8章

[相続税の納付]手続きについての疑問18

山本宏税理士事務所所長
税理士 山本《やまもと》 宏《ひろし》

山本文枝税理士事務所所長
税理士 山本《やまもと》文枝《ふみえ》

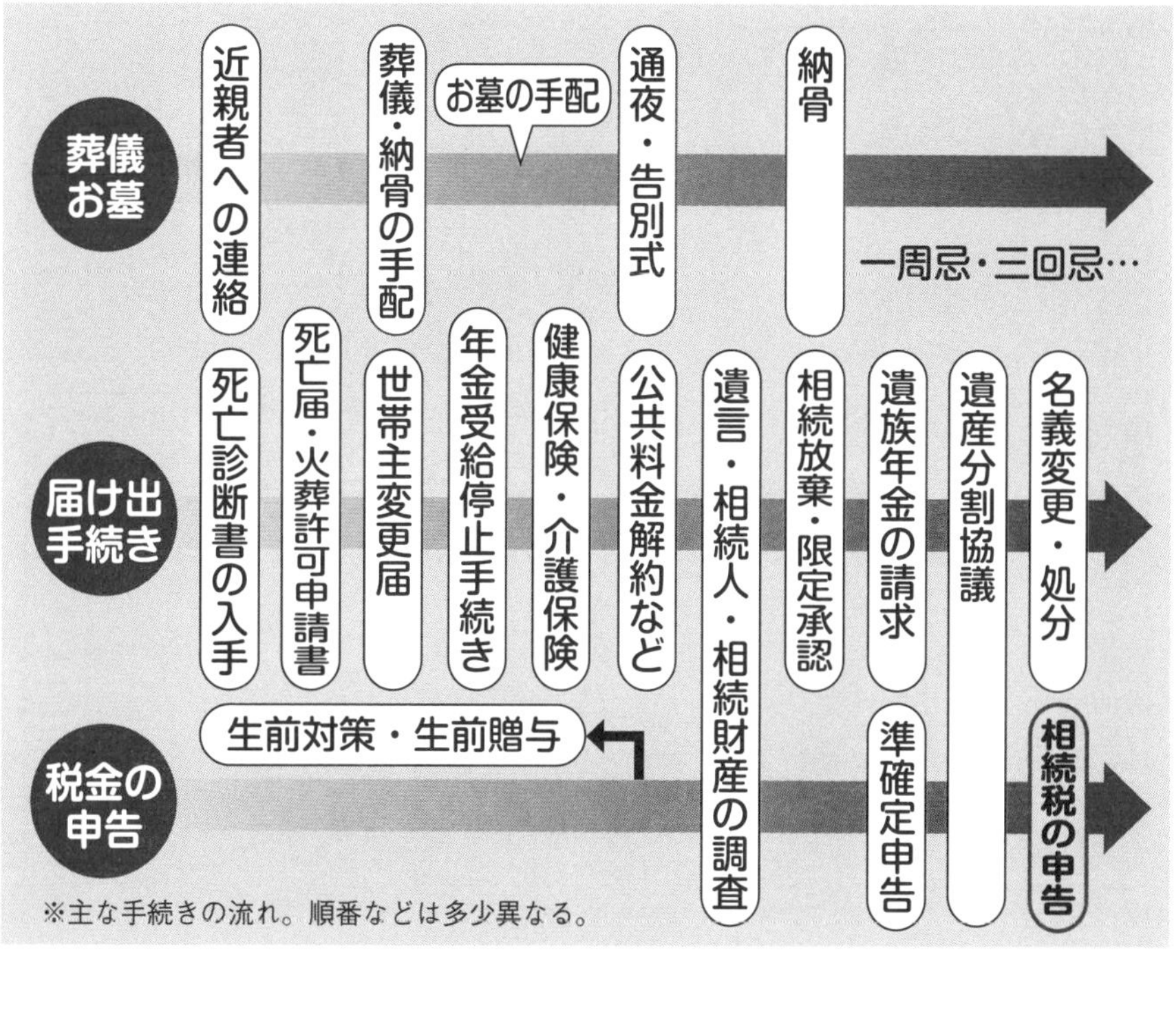

相続税は現金一括納付が原則！遺産が不動産ばかりで現金がないときはどうする？

この喫茶店 お父さんと お母さんの 思い出が いっぱいでしょ
そうね
成島拓馬・72歳
長女・明美
拓馬の妻・照美
でも 感傷に浸ってる 場合じゃないわ
そろそろ 相続税の 支払いのことを 考えなきゃ
フー…
相続税って 現金で支払う 必要があるん ですってね
この喫茶店 都会の一等地に あるのよ
土地面積が広いし 時価数億円は するでしょうね
明美の夫・浩一
孫・由美
じゃあ 相続税は 数千万円……
それを一括で 支払う……
最近はお客さんが めっきり減って 預金を取りくずす 毎日…
そんな 現金なんて ないわ
ドタ…
だいぶお困りの ようじゃのぉ
相続博士
相続税の納付は 現金一括が 原則じゃが 延納・物納という 方法もある

延納は最長20年！利息はかかるが3年以内なら担保がいらん
物納は相続税分の土地や建物を納める方法じゃ
ってことはこの喫茶店の一部を国に納めることに……
現実的に無理よ
これは高名な画伯の絵でしょ時価数千万円はするんじゃ…
保存状態が最悪で10万円でも売れるかどうか……
なら郊外へ引っ越すのは？
うん名案じゃ
店を売るの？
私はいいけどこれからの生活はどうするの？
ぼくは会社員だから生活費はなんとかなります
安月給だけどね
それをいうなよ
わかったわ
この店ともお別れ……新生活ね
任せてください
安月給だけど
いうなって

Q 110 相続税の申告から納付までの流れはどうなっていますか？

10ヵ月以内に申告する

相続税の申告は、一定額以上の資産のある被相続人（故人）から相続財産を受け取った相続人が行わなければならない手続きです。

相続税の対象となる財産には、土地や建物、現金、預金などのプラスの財産だけでなく、借入金などのマイナスの財産も含まれます。これらをすべて洗い出して算出した遺産総額が相続税の基礎控除額を超えた場合に、相続税の申告が必要となります。**相続人は、相続の開始があったことを知った日の翌日から10ヵ月以内**（提出期限が土日祝日の場合はその翌日）**に相続税の申告を行わなければなりません。**

ここでは、申告から納付までの流れを説明していきましょう。

まず、提出先は、被相続人の死亡時の住所地を管轄する税務署になります。それぞれの相続人の住所地ではないことに注意しましょう。

相続税の申告は、相続人が個々に行うことも可能ですが、一通の申告書に相続人全員が署名・捺印をして、その下に相続人それぞれの納税額を計算・記載して行うのが一般的です。

申告を行う人は、民法で定められた配偶者や血族などの「法定相続人」だけではありません。遺言によって遺贈という形で相続財産を受け取った「受遺者」も、相続税の申告の対象者になります。

納付期限も10ヵ月以内

相続税の申告には通常、申告書のほかにも、左ページの表のような書類が必要になります。それぞれの書類を取り寄せるために手間も時間もかかるので、早めに取りかかることが大切でしょう。

相続税の対象となる財産には、前記の土地や建物、現金、預金、借入金のほかにも、土地にかかる権利（借地権など）、上場株式などの有価証券、死亡保険金や死亡退職金などのみなし相続財産、相続が開始される3年前以内に贈与された財産（生前贈与財産という）、貸付金などの未収金が含まれます。

相続のさいには、遺言が存在しなければ、遺産分割協議といって、相続人全員で遺産の分割について協議を行います。そのとき、分割された遺産の割合によって相続税額がどのように変わるか、それぞれの相続人が納税額を負担できるかどうかを確認してください。

遺言が存在しない場合の相続税の申告では、遺産分割協議書を作り、相続人全員の署名と実印の押印を行います。また、相続財産の評価と相続税の計算をしたうえで、基礎控除額を差し引いて、課税される遺産総額がいくらになるかを計算します。次に、それぞれの相続人にかかる相続税額を計算します。

相続税の納付期限は、相続税申告書の提出期限と同じく10ヵ月以内となっています。相続税の納付は、原則として「現金での一括納付」となります。相続財産に預貯金が少ない場合、相続人が納税額分の現金を用意する必要があるので注意しましょう。

相続税申告書は、最寄りの税務署の窓口で入手できますが、国税庁ホームページからダウンロードすることも可能です。相続税納付書については、最寄りの税務署の窓口で入手するか、申告書を提出予定の所轄税務署に電話で問い合わせてください。

相続税の申告に必要な書類一覧

- **戸籍謄本**（被相続人の出生時から死亡までつながるすべての謄本と相続人全員の謄本）
- **被相続人の住民票除票**（特定居住用宅地等の減額特例を適用する場合は適用を受ける相続人の住民票も必要）
- **遺産分割協議書の写し**（相続人全員が実印を押印したもの、未成年者がいる場合は特別代理人の実印を押す）
- **各相続人の印鑑証明書**
- **預貯金・有価証券・借入金などの残高証明書**（相続開始の日付の残高がわかるもの）
- **生命保険金・退職手当金などの支払証明書**
- **不動産（土地・家屋）の登記簿謄本（登記事項証明書）、測量図や地形図など**
- **固定資産評価証明書**（土地・家屋共に相続開始年の評価額がわかるもの）
- **相続人全員のマイナンバーカード表裏の写し、**または**マイナンバー通知カードの表面の写しと免許証などの身分証明書の写し**

Q 111
まず「相続財産の評価」が必要と聞きましたが、なぜですか？

極力
速やかに

不動産などは一定基準に従って評価

「相続税の申告期限は10ヵ月」と聞くと、十分な期間があると感じてしまいます。しかし、相続財産には、現金や預貯金、株式、公社債ばかりではなく、土地や家屋などの不動産、宝石・貴金属、書画・骨董《こっとう》も含まれるため、その価値をすべて金銭で評価する必要があります。その評価額に基づいて、相続財産の価額が決まるので、余裕を持った準備が必要になります。

相続税を計算するときに、最も大切なのは「相続財産の評価」です。

相続財産は、原則として、被相続人（故人）が亡くなった日（相続開始日、課税時期という）の「時価」で評価することになっています。

時価は、国税庁から公表されている「財産評価基本通達」と呼ばれる評価基準に従って評価することが定められています。これにより、多種多様な財産の評価を一定の基準のもとで行うことができます。

主な相続財産の評価法

では、主な相続財産について、具体的な評価の方法を説明していきましょう。

預貯金は、相続開始日の残高と相続開始日の解約利子の手取額を合算して評価されます。

土地は、「路線価方式」または「倍率方式」で求めます。

路線価方式は、路線価が定められている地域の土地の相続税評価方法です。路線価がなく「倍率地域」と記載されている土地（地方の田んぼや畑など）は、倍率方式で評価することになります（Q119参照）。

家屋は、固定資産税評価額で計算されます。

固定資産税評価額は、その建物の所在地の市区町村役場で調べることが可能です。また、アパートや貸家の場合には借家権の割合を減額して計算します（固定資産税評価額×借家権割合×賃貸割合）。ちなみに、その年の路線価や倍率、借地権割合などは、毎年7月に全国の税務署で公表されます。

株式は、上場株式、非上場株式、証券投資信託で評価方法は異なってきます。上場株式を相続する場合、評価額は、株価と保有株式数を掛け合わせることで求められるため、株価が重要になります。株価は次の4つから低いものを選択することになっています。①相続開始日の終値、②相続開始日の月の取引日ごとの終値の平均額、③相続開始日の月の前月の取引日ごとの終値の平均額、④相続開始日の月の前々月の取引日ごとの終値の平均額。

ゴルフ会員権は、課税時期の取引価格の70％（贈与の場合は取得日の取引価格の70％）で評価されます。

宝石・貴金属は、時価（再購入価格）、書画・骨董は売買されるものは取引価格、それ以外は専門家の意見をもとに評価されます。

借入金がある場合は、借入残高で求めます。

Q112 相続税が課税されるのはどんな場合ですか？

速やかに

基礎控除後にプラスなら納税が必要

相続税がかかるのは、**相続財産の総額から基礎控除を引いて、残りの財産が基礎控除額を上回る場合に限られています。**具体的に説明しましょう。

相続した財産は相続財産の評価額（Q111参照）だけでなく、生前贈与を受ける制度「相続時精算課税制度」を受けている場合は、この金額も加算されます。

この金額から債務や葬式費用の金額を差し引き、さらに相続開始前3年以内に「暦年課税制度」を使って贈与を受けていた場合はその金額を加算して、遺産額を計算します。ここから基礎控除額を引いて課税遺産総額を算出し、この課税遺産総額が基礎控除額を上回っていれば相続税がかかってきます。

Q113 相続税の税額はどう計算しますか?

速やかに

納付まで2段階で考える

相続税の計算は、全体が**「課税遺産総額の計算」**と**「各相続人の納付税額の計算」**の2段階となっています。そこから控除や加算がされる場合もあります。

第1段階として、課税遺産総額を計算します。課税遺産総額とは、相続税の課税対象となる被相続人（故人）が遺した財産の総額のことです。

まず、被相続人が遺した財産（財産評価額）の合計額を、「財産評価基本通達」（Q111参照）に基づいて計算します。

次に、この財産評価額の合計額に、死亡保険金や死亡退職金といった「みなし相続財産」を加算します。みなし相続財産は、実際は遺産分割の対象外ですが、相続財産として計上します。さらに、故人の死亡までの3年以内の生前贈与も加算します。また、子供や孫に生前贈与する「相続時精算課税」を使った場合には、贈与の日付にかかわらず加算されます。

こうして計算した課税価格から基礎控除額（Q114参照。3000万円＋600万円×法定相続人の数）を差し引くことで課税遺産総額が求められます。

例えば、法定相続人が1人なら3600万円、2人なら4200万円が基礎控除額となります。計算結果がプラスの場合は相続税の申告が必要で、逆にマイナスの場合は申告が不要となります。ただし、小規模宅地等の特例を受けることでマイナスとなった場合には、特例を受けることを税務署に明示するため、税務署への相続税の申告は必要になります。

相続人の相続税額を個々に計算する

第2段階として、法定相続分で遺産を取得した場合の各相続人の納付税額を計算します。

相続税を支払う場合は、左ジペーの表を参考にして、課税遺産総額の「税率」を求めます。累進課税となっているので、取得金額ごとに税率が異なります。

例えば、1億円の遺産を配偶者、子供2人が相続した場合で見てみましょう。

法定相続分は配偶者が1／2、子供2人は1／4ずつになります。基礎控除額が4800万円なので、5200万円が課税遺産総額になります。

この場合、配偶者の控除後の相続財産は2600万円です。相続税の税率は15％、控除額は50万円なので、5200万円×1／2×15％－50万円＝340万円が配偶者の相続税額となります。2人の子供の相続税額は、5200万円×1／4×15％－50万円×2名分＝290万円です。合算して630万円が、相続税の総額になります。

最後に、相続税の総額を、各相続人の実際の相続割合で按分《あんぶん》します。この「按分割合」は、相続税の総額に対し、各相続人がどのくらいの割合で負担するのかを表した数値です。先ほどの例でいえば、配偶者2600万円／5200万円（各相続人の課税価格／課税価格の総額）＝0・5（按分割合）になります。子供はそれぞれ1300万円／5200万円＝0・25です。

相続人によっては、税額控除される場合と加算される場合があります。配偶者は1億6000万円か法定相続額の大きいほうの金額までは控除されるので、先ほどの配偶者の場合は無税になります。逆に血縁関係が遠い人（孫など代襲相続人を含む2親等以上）が相続財産をもらう場合には税額の2割が加算されます。

ほかにも、贈与税を支払っている場合に控除される贈与税控除や、未成年者控除、障害者控除、10年以内に別の相続をしている場合の相次相続控除、相続税を海外ですでに支払っている場合の外国税控除などが適用されることがあります。

相続税の速算表

法定相続分に応ずる金額	税率	控除額
1,000万円以下	10%	－
3,000万円以下	15%	50万円
5,000万円以下	20%	200万円
1億円以下	30%	700万円
2億円以下	40%	1,700万円
3億円以下	45%	2,700万円
6億円以下	50%	4,200万円
6億円超	55%	7,200万円

※ 2014年12月31日以前に相続した場合の相続税の税率は上記とは異なる

Q 114 相続税の計算方法を具体例で教えてください。

速やかに

法定相続分により計算する

実際に相続税を計算してみましょう。法定相続人が配偶者、子供2人の計3人で、相続財産の総額が1億円の場合を例に考えてみます。

❶基礎控除額を求める

基礎控除額は「3000万円＋600万円×法定相続人の数」で計算します。法定相続人は3人なので、基礎控除額は「3000万円＋600万円×3人＝4800万円」となります。

❷基礎控除額を相続財産の総額から差し引いて、実際に課税される遺産の総額（課税遺産総額）を求める

課税遺産総額は「相続財産総額1億円－控除額4800万円＝5200万円」となります。

❸各相続人にかかる相続税を計算して合計する（相続税の総額）

ここでのポイントは、実際に遺産をどのように分けたかにかかわらず、民法で定められた法定相続分の割合に従って各相続人の仮の税額を計算することです。

法定相続分は相続人の構成によって異なります（上の表参照）。最も優先的に相続の権利があるのが配偶者で、次に子供、被相続人（故人）の両親、兄弟姉妹の順になります。子供、両親、兄弟姉妹が複数いれば、相続分を人数に応じて等分します。

本ケースでは、法定相続分は配偶者1／2、子供1／4ずつです。法定相続分に従って課税遺産総額を分け、Q113の相続税の速算表により計算します。

配偶者の場合は、「課税遺産総額5200万円×1／2」で2600万円なので税率は15%、控除額は50万

法定相続分

配偶者と子供	
配偶者	1/2
子供	1/2

配偶者と両親	
配偶者	2/3
両親	1/3

配偶者と兄弟姉妹	
配偶者	3/4
兄弟姉妹	1/4

※子供、両親、兄弟姉妹がそれぞれ複数いる場合には、上記法定相続分を人数で等分する

円。したがって、「5200万円×1／2×15%－50万円＝340万円」が配偶者の相続税額となります。

子供の場合は、「課税遺産総額5200万円×1／4」で1300万円。こちらも税率15%、控除額は50万円なので、「(5200万円×1／4×15%－50万円)×2人＝290万円」。配偶者と子供2人分を足した630万円が相続税の総額になります。

相続税総額と各人の納付額を計算

❹実際に納付する各相続人の納付税額を計算

配偶者と子供2人の3人で遺産を法定相続分通りに分けた場合だと、相続税の総額が630万円なので配偶者は1／2で315万円、子供は1／4で157万5000円ずつとなります。

Q113で説明したように、相続人によっては加算されたり、控除されたりするケースがあります。

本ケースでは、配偶者は法定相続分（1／2）以下なので、「配偶者の税額軽減」により納付税額は0円になります。その結果、子供2人が157万5000円ずつ納付することになります。

多くの場合で配偶者は相続税の納税が免除されますが、申告書は提出しなければなりません。

また、配偶者と1親等の血族以外の相続人（法定相続人以外で遺産をもらった人も含む）の税額は2割加算です。未成年者控除、障害者控除を適用できる場合は、控除してから相続人ごとの納付税額を求めます。

Q115 相続税の計算は複雑でよくわかりません。簡単な計算法はありますか？

速やかに

基礎控除額と税率で概算はわかる

相続税の計算には、財産評価がとても重要です。ところが、特に、相続財産に不動産が含まれる場合には複雑な計算が必要になるため、簡単にできない人も多いでしょう。とはいえ、不動産が含まれず、複雑な評価を必要としない財産構成であれば、175ページの相続税早見表などから相続税額の概算を算出できます。

●基礎控除額＝「3000万円＋600万円×法定相続人の数」

●正味の遺産額－基礎控除額＝課税対象額

課税対象額がわかったら、各相続人が取得する金額にQ113の相続税の速算表を確認しながら税率を掛けて、1000万円を超えている場合は控除額を差し引けば、税額を知ることができます。課税対象額が大きいほど課税率が上がる累進課税になっています。

また、**法定相続人が配偶者と子供で、法定相続分に応じて遺産を取得した場合の「相続税早見表」**（左ページ参照）**も参考にするといいでしょう。**配偶者は、配偶者控除を用いて1億6000万円または法定相続分以下までは相続税はかかりません。

下の図の計算例の場合、「配偶者の税額軽減」（配偶者控除）により1580万円の相続税が軽減されたことがわかります。配偶者が優遇される理由は、財産は夫婦の協力により築き上げられる共有財産のため、夫婦間でのやり取りには、多額の税金を納める必要はないという考えからです。今後の生活に困らないようにという考慮もされています。

相続税の計算例

●計算の前提
- 法定相続人…配偶者と子供2人
- 相続財産の総額…2億円
- 配偶者が相続した財産…1億円
- 子供2人が相続した財産…各5,000万円

❶基礎控除額を算出する
3,000万円＋600万円×3人＝4,800万円

❷相続財産から基礎控除額を差し引き、課税対象額を算出する
2億円－4,800万円＝1億5,200万円

❸法定相続分による相続税の総額を計算する
- 配偶者の相続税額
  1億5,200万円×法定相続分1/2×税率30%－700万円＝1,580万円
- 子供1人当たりの相続税額
  1億5,200万円×法定相続分1/4×税率20%－200万円＝560万円
  2人分なので1,120万円
- 相続税総額＝配偶者1,580万円＋子供2人1,120万円＝2,700万円

❹実際の相続税額（納税額）を計算する
- 配偶者…2,700万円×相続割合1/2＝1,350万円。1億5,200万円×1/2＜1億6,000万円なので、納税額は0円（「配偶者の税額軽減」を適用）
- 子供1人ずつの納税額＝2,700万円×相続割合1/4＝675万円

相続税早見表

法定相続人が配偶者および子供で、法定相続分に応じて遺産を取得した場合（配偶者控除も含む）

課税価格の合計額	配偶者＋子供１人	配偶者＋子供２人	配偶者＋子供３人	配偶者＋子供４人
5,000万円	40万円	10万円	−	−
6,000万円	90万円	60万円	30万円	−
7,000万円	160万円	113万円	80万円	50万円
8,000万円	235万円	175 万円	138万円	100万円
9,000万円	310万円	240万円	200万円	163万円
1億円	388万円	315万円	263万円	225万円
1億1,000万円	480万円	393万円	325万円	288万円
1億2,000万円	580万円	480万円	403万円	350万円
1億3,000万円	680万円	568万円	490万円	425万円
1億4,000万円	780万円	655万円	577万円	500万円
1億5,000万円	920万円	748万円	665万円	588万円
1億6,000万円	1,070万円	860万円	767万円	675万円
2億円	1,670万円	1,350万円	1,218万円	1,125万円
2億5,000万円	2,460万円	1,985万円	1,800万円	1,688万円
3 億円	3,460万円	2,860万円	2,540万円	2,350万円
3億5,000万円	4,460万円	3,735万円	3,290万円	3,100万円
4億円	5,460万円	4,610万円	4,155万円	3,850万円
4億5,000万円	6,480万円	5,493万円	5,030万円	4,600万円
5億円	7,605 万円	6,555 万円	5,963 万円	5,500 万円

相続税の基礎控除額一覧

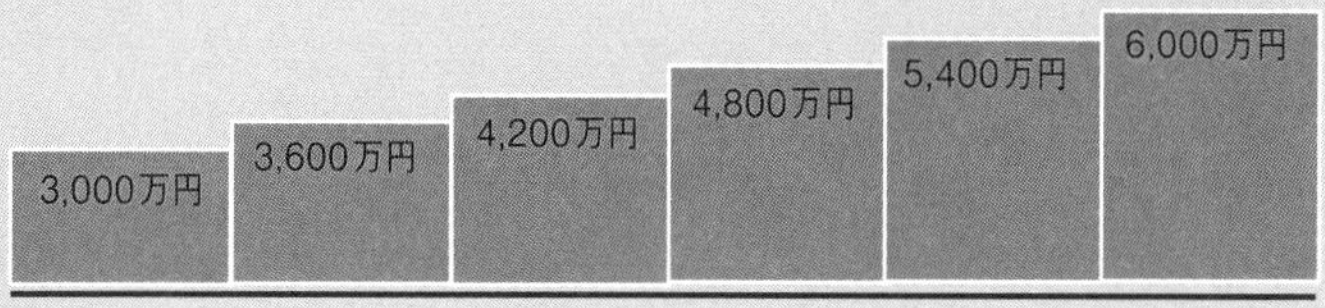

法定相続人の数	0 人	1 人	2 人	3 人	4 人	5 人
基礎控除額	3,000万円	3,600万円	4,200万円	4,800万円	5,400万円	6,000万円

基礎控除額 ＝ 3,000万円 ＋ 600 万円 ×法定相続人の数

Q116 相続税の税負担が軽くなる特例があると聞きました。どんな特例ですか?

土地や自宅の相続は節税メリット大

相続税を軽減する控除や特例は、税額を計算するうえで最も重要なので、ぜひ知っておいてください。

まず、**相続する誰もが受けることができるのが「基礎控除」です**(Q115参照)。

配偶者は、特別に1億6000万円もしくは法定相続分のどちらか高いほうまでの控除を受けられる「配偶者の税額軽減」があり、節税効果が大きいものです。ただし、内縁の夫や妻では認められません。

ほかにも該当者のみが使うことのできる控除もあるので、主なものを説明します。詳細は左ページの表を参考にしてください。

土地や自宅の相続には、「小規模宅地等の特例」という制度があります。これは相続税のために自宅を売却しなくてもすむようにできたもので、亡くなった人が直前まで住んでいた330平方メートル(約100坪)までの土地を同居する配偶者や子供が相続する場合、8割まで評価額が減額されるため、大きな節税メリットがあります。

200平方メートルまでの賃貸アパートや駐車場といった貸付事業用宅地を相続する場合は、評価額が50%減となります。また、400平方メートルまでの特定事業用宅地を相続する場合は、80%まで減額されます。

基礎控除とそのほかの控除や特例を計算するさいには、相続財産の合計を出す前に基礎控除や特例を差し引いてはいけません。必ず相続財産の合計を出したうえで、基礎控除を引き、配偶者控除や宅地の特例を当てはめて計算するようにしてください。

控除や特例の条件に該当する相続人は、これらをすべて使って減額計算することができます。

また、配偶者控除や小規模宅地等の特例を受けることで、相続税を支払わなくてもよくなった場合でも、申告書の提出は必要なので注意しましょう。

速やかに

相続税で使える控除や特例一覧

【基礎控除】（全員が使える控除）

次の計算式で求められた額が相続税の課税対象から控除できる
3,000万円＋
（600万円×法定相続人の数）

【控除一覧】（該当者のみが使える控除）

●贈与税額控除
【対象】 相続発生より３年以内に贈与財産を受け取った人
【制度の概要】 相続開始前より３年以内に受け取った贈与財産は相続税の課税対象となることから、贈与を行ったときに納めた贈与税の二重払いを防ぐために、相続税から差し引く制度

●配偶者の税額軽減
【対象】 配偶者（夫・妻）
※婚姻関係にない人は不可（内縁の夫・妻）
【制度の概要】 配偶者は特別に１億6,000万円もしくは法定相続分のどちらか高いほうまでの控除を受けられる

●未成年者控除
【対象】 未成年（満20歳未満）
※2022年４月１日より未成年は満18歳未満に改正される
【制度の概要】 10万円×（20－当時の年齢）で求められる額を控除できる

●相次相続控除
【対象】 10年以内に２回相続が発生した人
【制度の概要】 短期間に相続が続いた場合、相続税を２回分払うことになり、負担が大きくなるため控除が設けられている

●障害者控除
【対象】 障害者
【制度の概要】 受けられる控除は障害の区分によって変わる
➡ 一般障害者：
（その障害者が85歳になるまでの年数）×10万円
➡ 特別障害者：
（その障害者が85歳になるまでの年数）×20万円

【特例】

●小規模宅地等の特例
【対象】 土地を相続する人
【特例の概要】 居住中の土地・建物を相続したにもかかわらず、相続税が払えずに手放してしまうことをさける制度。土地の評価額を最大80%減額できる

①特定居住用宅地等
【適用条件】 ※いずれか１つ
・被相続人の配偶者が土地を相続
・被相続人と同居していた人が土地を相続
・被相続人に配偶者も同居人もいない場合、３年間借家住まいの相続人が取得
【減額率と適用面積】
・減額率は80%、適用面積は330平方メートル

②特定事業用宅地等
【適用条件】
・相続開始前からその土地で事業を行っている
・相続税の申告終了（申告期限の10ヵ月間）まで事業用の土地として使う
【減額率と適用面積】
・減額は80%、適用限度面積は400平方メートル

③貸付事業用宅地等
【適用条件】
・相続開始前から土地の貸付を行っている
・相続税の申告終了（申告期限の10ヵ月間）まで貸付を行っている
【減額率と適用面積】
・減額は50%、適用限度面積は200平方メートル

Q 117 宅地や駐車場などの「土地」はどう評価しますか?

速やかに

路線価方式と倍率方式で求める

相続税の申告で最もやっかいなのが、土地の相続税評価額の計算でしょう。

土地の評価方法には、「路線価方式」と「倍率方式」の2種類があります。 どちらの方法を使うかについては、その土地の所在地によって決まっているので、相続人は選択できません。

路線価方式は、路線価が定められている地域の評価方法です。倍率方式は、路線価が定められていない地域の評価方法です。路線価方式と倍率方式の具体的な評価方法を解説しましょう。

●路線価方式（国税庁路線価を使う方法）

路線価方式とは、国税庁が年に一度定める「路線価」という指標を用いて土地を相続税評価する方法です。

相続する土地が路線価地域と呼ばれる場所にあれば、路線価方式を用います。また、対象の土地が市街地や住宅地にあるときも、多くの場合、路線価方式を用います。

路線価は、その道路に面する標準的な土地の1平方《メートル》当たりの価値を千円単位で表記しています。 路線価を示す路線価図は、国税庁のホームページで簡単に確認することができます。

しかし実際は、土地の形はきれいな正方形の土地ばかりではありません。いびつな形をした土地が、きれいな正方形の土地と同じ路線価がついている場合に、使いやすい正方形の土地と使いにくいいびつな形をした土地が同じ評価額になるのは不合理です。

そこで、路線価に面積を掛けて評価するだけではなく、土地の形状などを考慮して評価を補正・減額する補正率の規程が相続税法の中で複雑に定められています。この土地の評

価を補正する規程が複雑であるため、土地の相続税評価は難しいといわれるのです。**いびつな形の土地の正確な相続税評価額を求めるさいには、「路線価×地積×補正率」という計算式を用います。**

ちなみに、土地評価の概算額を知るという意味では、補正率を掛けない通常の計算（路線価×地積）でも十分でしょう。

●倍率方式（固定資産税評価額を使う方法）

倍率方式とは、**固定資産税評価額に一定の倍率を掛けて相続税の評価額を求める方法です。**この倍率方式を用いる地域は人口が少ない地方や田畑、山林、原野などが多くの割合を占めます。

前述の路線価方式と比べると、あらかじめわかっている固定資産税の評価額に一定の倍率を掛けるだけなので、計算がとても簡単です。固定資産税の評価額は毎年4月ごろに送付されてくる「固定資産税納税通知書」に記載されています。宅地・田・畑・山林・原野・牧場・池沼という土地の現況に応じて掛ける倍率が変わります。

このように倍率方式は、土地の形状などとは関係なく、倍率を掛けるだけで相続税評価額を求めることができます。これはもともと固定資産税の評価額に、土地の形状がいびつであることなどによる減額補正が考慮されているためです。

該当する土地の倍率については、路線価と同様に国税庁のホームページから確認できます。

倍率方式なら、初心者でも正確な相続税評価額を計算しやすいといえます。一方、路線価方式は土地の形状などによる補正が必要となる場合もあります。

土地評価後、減額特例の適用もある

評価する土地の所在地により、路線価方式もしくは倍率方式を用いて評価額を計算したあと、条件に合えば減額特例を適用できる場合があります。これは小規模宅地等の特例の適用条件に当てはまる場合です（Q116表内・特例の項参照）。

減額特例の適用については、適用可能か判断が難しい場合や計算も複雑です。なるべく早めに税務署などに行って、相談することをおすすめします。

速やかに

Q118 「分譲マンション」はどう評価しますか？

建物と土地を分けて計算する

分譲マンションを相続する場合についても、気になるところでしょう。

マンションの相続税評価額は、一戸建て不動産と同じく「建物」と「土地（敷地）」に分けて計算をします。ただ、マンションには「**専有部分**（住民の区分所有権のある建物の部分）」と「**共有部分**（専有部分以外の建物の部分）」があるため、この共有部分も含めた相続税評価額を計算しなくてはいけません。所有している人を「**区分所有者**」と呼び、その権利が「**区分所有権**」です。

共有部分は、具体的にはマンションの玄関ホール・エレベーター・廊下・階段・駐車場・自転車置場などをいいます。これらは区分所有者全員の財産となり、区分所有者が土地を所有する権利を「**敷地権**（**敷地利用権**）」と呼びます。

そのため**マンションの「建物部分」も「土地部分」も、マンション全体の相続税額を計算したあとで、「持ち分割合（敷地権割合）」で按分《あんぶん》させる必要があります。**

持ち分割合の調べ方ですが、マンション購入時に交わすマンションの売買契約書や登記簿（登記事項証明書）の「敷地権の割合」と記載されている部分に、「○分の○」と数字で記載されています。

まず、**マンションの建物部分の相続税評価額は、「固定資産税評価額と同額」となります。**共用部分を住戸ごとに按分《あんぶん》した価額も含まれているため、そのまま相続税評価額に使うことができます。

次に、**マンションの土地部分**（敷地部分）**の相続税評価額は、マンションの敷地全体の評価額×持ち分割合で求めます。**

マンションの敷地全体の相続税評価額については、通常の土地の評価方法と同じく、「路線価方式」もしくは「倍率方式」のいずれかによりマンション全体の土地の評価額を計算する必要があります。

Q119 土地の評価方法を具体例で教えてください。

路線価図と倍率表から調べる

Q117で説明したとおり、**土地の評価額の計算方法には「路線価方式」と「倍率方式」があります。**

まず、路線価方式から説明していきましょう。182ページ上の図をご覧ください。この図で赤の二重丸の「770B」が付されている土地について計算してみます。「770B」とは、1平方メートル当たりの路線価が77万円という意味で、そのあとのアルファベットは借地権の割合を示しています。Bは図の右上の表より80%になります。調べたい土地（100平方メートル）が道路に面している場合には、次の算式で求めます。

土地の評価額は路線価に地積を掛けたものなので、「77万円×100平方メートル＝7700万円」です。また、対象の土地がどの道路に面しているかによって土地の評価が変わりますが、この路線価はあくまでも使いやすい正方形の形をした宅地を想定した価格です。

同じ路線価の道路に面していても、使いやすい正方形や長方形の土地と、いびつな形をした使いにくい土地が同じ評価額になるのは不合理です。そのため路線価を使って計算するさいに、土地の形状等を考慮して評価を補正・減額する補正率の規程が相続税法の中で複雑に定められています。

くり返しになりますが、**いびつな形をした土地の正確な相続税評価額を求める計算式は「路線価×地積×補正率」です。**補正する規程は複雑なので、この補正率を掛けない路線価×地積の計算でも、相続税の土地評価の概算額を知るという意味では十分でしょう。

次に、**倍率方式の場合は、182ページ下の図より求める土地の固定資産税の評価額を調べて、そこに倍率を掛けたものになります。**「田」の固定資産税評価額が5万円の場合、倍率16を掛けて80万円が評価額になります。固定資産税の評価には土地の形状も反映されているので、求めやすいといえます。

路線価図の見方

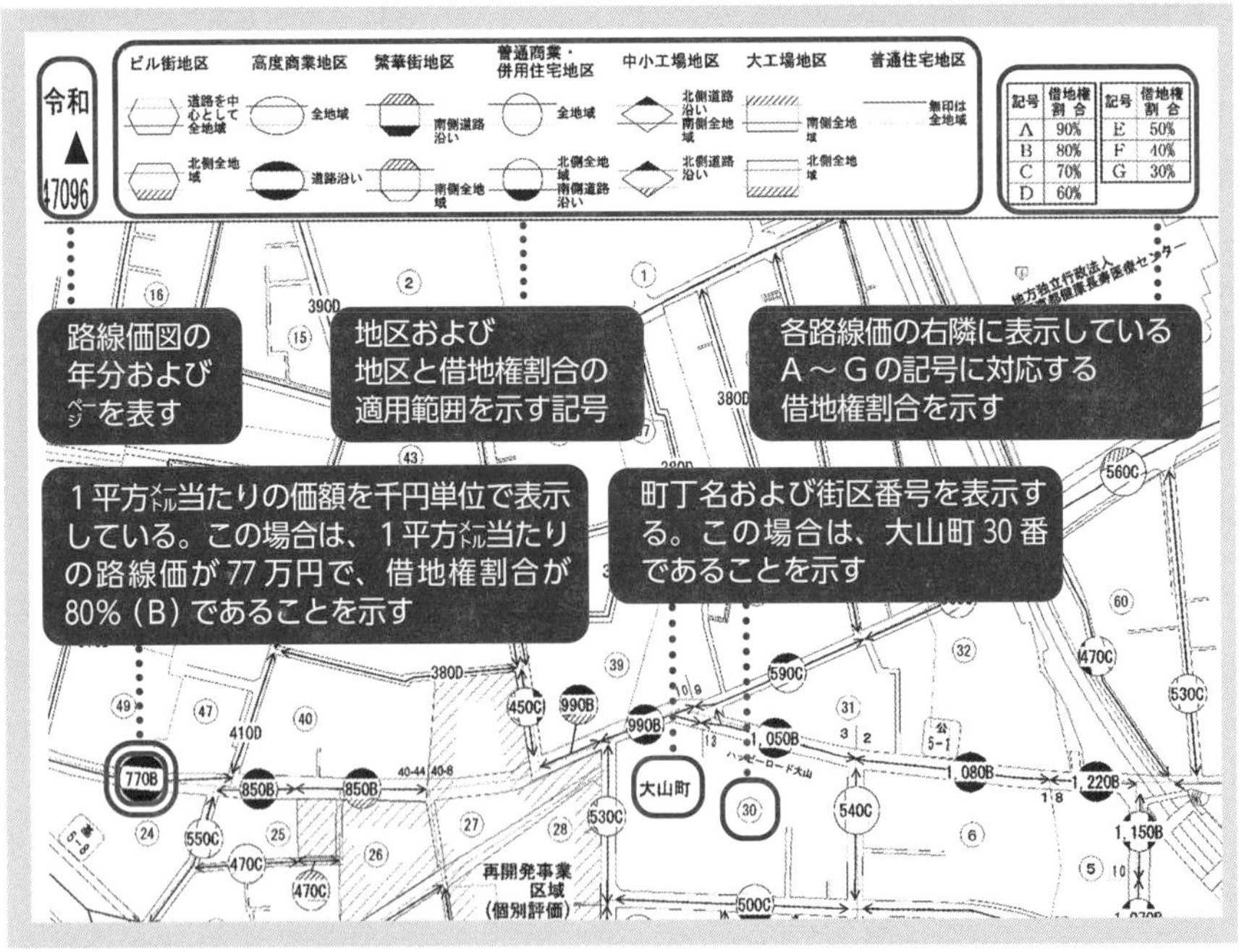

令和
47096
ビル街地区
高度商業地区
繁華街地区
普通商業・併用住宅地区
中小工場地区
大工場地区
普通住宅地区
記号 借地権割合
A 90%
B 80%
C 70%
D 60%
E 50%
F 40%
G 30%
路線価図の年分およびページを表す
地区および地区と借地権割合の適用範囲を示す記号
各路線価の右隣に表示しているA～Gの記号に対応する借地権割合を示す
1平方メートル当たりの価額を千円単位で表示している。この場合は、1平方メートル当たりの路線価が77万円で、借地権割合が80%（B）であることを示す
町丁名および街区番号を表示する。この場合は、大山町30番であることを示す
770B
大山町
30

評価倍率表の見方

※固定資産税額は、都税事務所や市区町村役場で確認する

市区町村名：　　　　　　　　　　　　　　　　　　　　税務署

音順	町（丁目）又は大字名	適用地域名	借地権割合	宅地	田	畑	山林	原野	牧場	池沼
			%	倍	倍	倍	倍	倍	倍	倍
あ	相原	市街化調整区域								
		1　主要地方道　号　以西の地域	50	1.1	中　16	中　17	純　11	純　11		
			50	1.1	中　16	中　26	中　29	中　29		
		号　線	60	1.1	比準	比準	比準	比準		
			60	1.1	—	—	—	—		
			60	1.1	比準	比準	比準	比準		
			—	路線	比準	比準	比準	比準		
お	大蔵	市街化調整区域	50	1.1	—	—	中　125	中　125		
		市街化区域	—	路線	比準	比準	比準	比準		

【計算例❶】
（宅地の固定資産税評価額）（倍率）（評価額）
1,000万円 × 1.1 ＝ 1,100万円

【計算例❷】
（田の固定資産税評価額）（倍率）（評価額）
5万円 × 16 ＝ 80万円

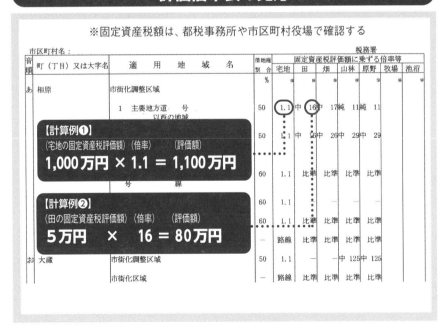

Q120 「小規模宅地等の特例」に該当すると評価額が安くなるというのは本当ですか？

条件を満たせば、5～8割減額に！

はい、本当です。ただし、「小規模宅地等の特例」を使うには、この特例の適用条件に当てはまる必要があります（Q116参照）。

小規模宅地等の特例とは、被相続人（故人）と生計を共にしていた家族が居住用の土地を相続した場合に330平方メートルまでは評価額を80％減額できるという特例です。この特例の条件に該当し、減額特例を適用できれば、評価額をかなり下げることができます（判断が難しい場合は税務署などに確認してください）。

事業用の宅地等を相続する場合は、400平方メートル（約120坪）までは、80％減額できます。ただし、亡くなった人がそれまでにその土地で事業をしており、相続税の申告期限まで事業を継続できていることが条件となります。

アパートや駐車場、貸家など、亡くなった人が貸し付けていた土地に対する減額率は50％、200平方メートル（約60坪）までとなります。事業用の土地と同様に、亡くなった人がそれまでに貸付を行っており、相続税の申告期限まで貸付を行っていることが条件となります。これらの特例が受けられると、減税につながるので、ぜひ知っておいてください。

小規模宅地等の特例の計算例

被相続人の居住していた**自宅の土地**を**配偶者が相続**する場合

【相続する土地の概要】
- 路線価……**50万円／1平方メートル**
- 土地面積……**200平方メートル**

【土地の時価（相続税評価額）の計算】
路線価 **50万円** × 土地面積 **200平方メートル**
＝時価 **1億円**

【小規模宅地等の特例適用額の計算】
時価 **1億円** ×（100％ － 減額率 **80％**）
＝適用額 **2,000万円**

➡土地の相続として
2,000万円を**税務署に申告**する

Q121 「株式」はどう評価しますか？

速やかに

上場と非上場で評価法は異なる

株式については、「上場株式」と「非上場株式」で評価方法は異なります。

上場株式を相続する場合、相続開始日（故人の死亡日）の株価を調べる必要があります。ただし、経済情勢による株価の変動もあるので、過去の状況も考慮して、次の中から最低価格のものを選択します。

①相続開始日の終値
②相続開始日の月の取引日ごとの終値の平均額
③相続開始日の月の前月の取引日ごとの終値の平均額
④相続開始日の月の前々月の取引日ごとの終値の平均額

最低価格のものを選択したら、保有株式数を掛けることで評価額を計算することができます。

相続開始日の終値や月間の終値の平均額は、取引している証券会社に問い合わせるか、株価の情報サイト（Yahoo!ファイナンスなど）で、月間の終値の平均額は、日本取引所グループ（JPX）のホームページの月間相場表でも調べられます。

一方、**非上場株式の株価の場合については、3つの評価方法があります。それは、「①類似業種比準方式（業種が類似している上場企業の株価を参考に評価する方法）」「②純資産価額方式（会社の総資産や負債を原則として相続税の評価に洗い替えて、そこから負債や評価差額に対する法人税額等相当額を差し引いた残額により評価する方法）」「③配当還元方式（少数株主の場合の配当額に基づいた株価評価法、経営者一族は除く）」の3種類です。**

株式の相続により、大株主として会社の経営に影響を与える場合は、類似業種比準方式または純資産価額方式、もしくはこれらを併用して株価を評価します。

非上場の会社の株式の評価については計算が非常に複雑なので、なるべく早めに税務署または税理士などに相談することをおすすめします。

Q122 「相続税の申告」はどう行いますか？

10ヵ月以内

相続開始から10ヵ月以内にすべて行う

相続の開始があったことを知った日の翌日から10ヵ月以内の申告が原則です。

相続税の申告書の作成は、以下の3つのステップで行うことになります。

ステップ1として、すべての相続財産を把握して、申告書の第9～15表に記入します（くわしくはQ123参照）。

ステップ2として、相続財産をすべて記入し、**金額や評価額を算出できたら、申告書の第1表と第2表を使って、相続税を計算します。**

ちなみに、申告書の第1表は、相続税申告書の最も重要な本体です。第2表は、相続税の総額の計算書となっています。

ステップ3として、控除を差し引いて最終的な相続税を算出します。

すべて記入したら、被相続人の居住地の所轄税務署に相続税申告書を提出し、各金融機関などで相続税の納付を行います。

Q123 申告書の書き方を具体例で教えてください。

速やかに

第1～15表まで該当箇所を記入する

相続税の申告書は第1表から第15表まであります。主なものは国税庁のホームページに書かれていますが、どのような申告書があるのか以下に列記します。

第9～15表がステップ1で記入する項目になります。

ステップ1で相続財産をすべて記入し、金額や評価額を算出できたら、第1～2表を使い、相続税を計算します（ステップ2）。

第1表には被相続人の財産評価額、法定相続人の数、按分《あんぶん》割合、財産を相続した人の名前とそれぞれの取得財産および相続税額、控除額、申告納税額を記載します（187ページの表参照）。

第2表には、法定相続人の詳細、相続税の総額を記載します（188ページの表参照）。

そして、**第11表**で相続税がかかる財産の詳細を記入します（189ページの表参照）。

第5～8表では、控除額を計算します。第5表は配偶者の税額軽減額の計算書になります。

くり返しになりますが、申告書の提出と納付期限は、相続開始を知った日の翌日から10ヵ月以内なので、早めの準備が大切です。

申告書記入の流れ

ステップ1

最初に相続する財産をすべて把握してから、申告書の第9～15表を記入

第9表：生命保険金などについて
第10表：退職手当金などについて
第11表の付表：小規模宅地等の特例、特定計画山林の特例などについて
第11の2表：相続時精算課税適用財産について
第11表：相続税がかかる財産について
第12表：農地の納税猶予適用などについて
第13表：債務葬式費用などについて
第14表：暦年課税分、相続開始前3年以内の贈与財産などについて
第15表：相続財産の種類別価額表などについて

▼

ステップ2

ステップ1で相続財産をすべて記入、金額や評価額を算出できたら、第1～2表を使い、相続税を計算する

第1表：課税価格、相続税額について
第2表：相続税の総額について
第3表：農業を営む相続人がいる場合について

▼

ステップ3

控除を計算して最終的な相続税を算出

第4表：相続税の加算金額の計算書について
第4表の2：暦年課税分の贈与税額控除額の計算書
第5表：配偶者の税額軽減について
第6表：未成年者控除・障害者控除について
第7表：相次相続控除について
第8表：外国税額控除などについて

相続税の申告書第１表 記入例

茨木 税務署長
令和▲年　月　日提出

相続税の申告書　FD3561

相続開始年月日 令和▲年 2月 2日　※申告期限延長日　年　月　日

第1表（平成31年1月分以降用）

○フリガナは、必ず記入してください。

	各人の合計	財産を取得した人
フリガナ	（被相続人）	
氏名	鈴木 A夫	鈴木 B子 ㊞
個人番号又は法人番号		↓個人番号の記載に当たっては、左端を空欄としここから記入してください。
生年月日	昭和10年 10月 10日（年齢 84 歳）	昭和10年 12月 20日（年齢 84 歳）
住所（電話番号）	大阪府茨木市	〒 大阪府茨木市（06 − XXXX − XXXX）
被相続人との続柄／職業	無職	妻／無職
取得原因	該当する取得原因を○で囲みます。	相続・遺贈・相続時精算課税に係る贈与
※整理番号		

区分	項目	番号	各人の合計	鈴木 B子
課税価格の計算	取得財産の価額（第11表③）	①	100000000円	50000000円
	相続時精算課税適用財産の価額（第11の2表1⑦）	②		
	債務及び葬式費用の金額（第13表3⑦）	③		
	純資産価額（①＋②－③）（赤字のときは0）	④	100000000	50000000
	純資産価額に加算される暦年課税分の贈与財産価額（第14表1④）	⑤		
	課税価格（④＋⑤）（1,000円未満切捨て）	⑥	100000000 Ⓐ	50000000
各人の算出税額の計算	法定相続人の数／遺産に係る基礎控除額		3人　48000000 Ⓑ	左の欄には、第2表の②欄の回の人数及び○ハの金額を記入します。
	相続税の総額	⑦	6300000	左の欄には、第2表の⑧欄の金額を記入します。
	一般の場合（⑩の場合を除く）あん分割合（各人の⑥／Ⓐ）	⑧	1.00	0.50
	算出税額（⑦×各人の⑧）	⑨	6300000円	3150000円
	農地等納税猶予の適用を受ける場合　算出税額（第3表⑬）	⑩		
	相続税額の2割加算が行われる場合の加算金額（第4表⑦）	⑪	円	円
各人の納付・還付税額の計算　税額控除	暦年課税分の贈与税額控除額（第4表の2⑧）	⑫		
	配偶者の税額軽減額（第5表○イ又は○ハ）	⑬	3150000	3150000
	未成年者控除額（第6表1②、③又は⑥）	⑭		
	障害者控除額（第6表2②、③又は⑥）	⑮		
	相次相続控除額（第7表⑬又は⑱）	⑯		
	外国税額控除額（第8表1⑧）	⑰		
	計	⑱	3150000	3150000
	差引税額（⑨＋⑪－⑱）又は（⑩＋⑪－⑱）（赤字のときは0）	⑲	3150000	
	相続時精算課税分の贈与税額控除額（第11の2表1⑧）	⑳	00	00
	医療法人持分税額控除額（第8の4表2B）	㉑		
	小計（⑲－⑳－㉑）（黒字のときは100円未満切捨て）	㉒	3150000	
	納税猶予税額（第8の8表⑧）	㉓	00	00
	申告納税額（㉒－㉓）　申告期限までに納付すべき税額	㉔	3150000	00
	還付される税額	㉕		

（注）㉒欄の金額が赤字となる場合は、㉒欄の左端に△を付してください。なお、この場合で、㉒欄の金額のうちに贈与税の外国税額控除額（第11の2表1⑨）があるときの㉕欄の金額については、「相続税の申告のしかた」を参照してください。

○この申告書は機械で読み取りますので、黒ボールペンで記入してください。
また、申告書と添付資料を一緒にとじないでください。

※の項目は記入する必要がありません。

※税務署整理欄　申告区分　年分　グループ番号　補完番号　名簿番号　申告年月日　関与区分　書面添付　検算印　管理補完　確認

作成税理士の事務所所在地・署名押印・電話番号　㊞
□ 税理士法第30条の書面提出有
□ 税理士法第33条の2の書面提出有

（資4−20−1−1−A4統一）第1表（令元.7）

※相続人が複数いる場合は、「相続税の申告書（続）」に記入する

相続税の申告書第２表 記入例

相続税の総額の計算書

被相続人	鈴木 A夫

第2表（平成27年分以降用）

○この表を修正申告書の第2表として使用するときは、㋑欄には修正申告書第1表の㋺欄の⑥Ⓐの金額を記入し、㋭欄には修正申告書第3表の1の㋺欄の⑥Ⓐの金額を記入します。

この表は、第1表及び第3表の「相続税の総額」の計算のために使用します。

なお、被相続人から相続、遺贈や相続時精算課税に係る贈与によって財産を取得した人のうちに農業相続人がいない場合は、この表の㋭欄及び㋬欄並びに⑨欄から⑪欄までは記入する必要がありません。

① 課税価格の合計額		② 遺産に係る基礎控除額		③ 課税遺産総額	
㋑（第1表 ⑥Ⓐ）	100,000,000円	3,000万円＋（600万円×㋺ 3人（Ⓐの法定相続人の数））＝	㋩ 4,800万円	㋥（㋑－㋩）	52,000,000円
㋭（第3表 ⑥Ⓐ）	,000	㋺の人数及び㋩の金額を第1表Ⓑへ転記します。		㋬（㋭－㋩）	,000

④ 法定相続人（（注）1参照）氏名	被相続人との続柄	⑤ 左の法定相続人に応じた法定相続分	第1表の「相続税の総額⑦」の計算 ⑥ 法定相続分に応ずる取得金額（㋥×⑤）（1,000円未満切捨て）	⑦ 相続税の総額の基となる税額（下の「速算表」で計算します。）	第3表の「相続税の総額⑦」の計算 ⑨ 法定相続分に応ずる取得金額（㋬×⑤）（1,000円未満切捨て）	⑩ 相続税の総額の基となる税額（下の「速算表」で計算します。）
鈴木 B子	妻	1/2	26,000,000円	3,400,000円	,000円	円
鈴木 C美	長女	1/4	13,000,000	1,450,000	,000	
鈴木 D郎	長男	1/4	13,000,000	1,450,000	,000	
			,000		,000	
			,000		,000	
			,000		,000	
			,000		,000	
			,000		,000	
			,000		,000	
法定相続人の数	Ⓐ 3人	合計 1	⑧ 相続税の総額（⑦の合計額）（100円未満切捨て）	6,300,000	⑪ 相続税の総額（⑩の合計額）（100円未満切捨て）	00

（注）1 ④欄の記入に当たっては、被相続人に養子がある場合や相続の放棄があった場合には、「相続税の申告のしかた」をご覧ください。
2 ⑧欄の金額を第1表⑦欄へ転記します。財産を取得した人のうちに農業相続人がいる場合は、⑧欄の金額を第1表⑦欄へ転記するとともに、⑪欄の金額を第3表⑦欄へ転記します。

相続税の速算表

法定相続分に応ずる取得金額	10,000千円以下	30,000千円以下	50,000千円以下	100,000千円以下	200,000千円以下	300,000千円以下	600,000千円以下	600,000千円超
税率	10%	15%	20%	30%	40%	45%	50%	55%
控除額	－ 千円	500千円	2,000千円	7,000千円	17,000千円	27,000千円	42,000千円	72,000千円

この速算表の使用方法は、次のとおりです。
⑥欄の金額×税率－控除額＝⑦欄の税額　　⑨欄の金額×税率－控除額＝⑩欄の税額
例えば、⑥欄の金額30,000千円に対する税額（⑦欄）は、30,000千円×15%－500千円＝4,000千円です。

○連帯納付義務について
相続税の納税については、各相続人等が相続、遺贈や相続時精算課税に係る贈与により受けた利益の価額を限度として、お互いに連帯して納付しなければならない義務があります。

相続税の申告書第 11 表 記入例

相続税がかかる財産の明細書
（相続時精算課税適用財産を除きます。）

被相続人　鈴木 A夫

第11表（平成31年1月分以降用）

○相続時精算課税適用財産の明細については、この表によらず第11の2表に記載します。

この表は、相続や遺贈によって取得した財産及び相続や遺贈によって取得したものとみなされる財産のうち、相続税のかかるものについての明細を記入します。

遺産の分割状況	区分	1 全部分割	2 一部分割	3 全部未分割
	分割の日	・ ・	・ ・	

種類	細目	利用区分、銘柄等	所在場所等	数量 / 固定資産税評価額	単価 / 倍数	価額	取得した人の氏名	取得財産の価額
現金預貯金等	現金預貯金等普通預金	普通預金	Y銀行 四谷支店 #1234567	円	円	円 50,000,000	鈴木 B子	円 50,000,000
現金預貯金等	現金預貯金等普通預金	普通預金	X銀行 四谷支店 #987654			25,000,000	鈴木 C美	25,000,000
現金預貯金等	現金預貯金等普通預金	通常貯金	ゆうちょ銀行 #13579			25,000,000	鈴木 D郎	25,000,000
[計]						[100,000,000]		
[合計]						[100,000,000]		

合計表		(各人の合計)					
財産を取得した人の氏名		(各人の合計)	鈴木 B子	鈴木 C美	鈴木 D郎		
分割財産の価額	①	100,000,000円	50,000,000円	25,000,000円	25,000,000円	円	円
未分割財産の価額	②						
各人の取得財産の価額（①＋②）	③	100,000,000	50,000,000	25,000,000	25,000,000		

（注）1 「合計表」の各人の③欄の金額を第1表のその人の「取得財産の価額①」欄に転記します。
2 「財産の明細」の「価額」欄は、財産の細目、種類ごとに小計及び計を付し、最後に合計を付して、それらの金額を第15表の①から㉘までの該当欄に転記します。

第11表(令元.7)　　（資4－20－12－1－A4統一）

Q124 「相続税の納付」はどう行いますか？

10ヵ月以内

期限を過ぎると加算税がかかる

相続税の納付は、原則として「現金での一括納付」となります（亡くなった人の預金が少ない場合、相続人が自分で納税額分の現金を用意する必要がある）。

納付期限は、申告期限と同じです。相続が開始されたことを知った日の翌日から10ヵ月以内に納付しなければなりません（期限の最終日が土日祝日の場合は、次の平日まで）。

納付期限を1日でも過ぎて申告書を提出した場合には、ペナルティとして相続税額の5％の無申告加算税が課されてしまいます。

税務署がくるまで放置すれば20％、脱税が発覚すれば40％と悪質さによりペナルティは増えます。

さらに、納付期限から遅れた日数分だけ延滞利息として原則年利14・6％（2ヵ月以内は7・3％）もの延滞税が課されるので、早めに納付をすませましょう。

また、相続税の納税は相続人一人ひとりが各自のお金から納付することが原則ですが、「連帯納付義務」があります。そのため、一人でも納付しない場合は、その人の相続税を、ほかの相続人が連帯責任を負って納付しなくてはなりません。それぞれの相続人の納付状況についても、きちんと確認しておきましょう。

相続税の納付書の入手方法には、次の2つがあります。

①税務署の窓口で作成してもらう（被相続人の居住地の所轄税務署名、相続人の住所、氏名、死亡年月日を伝え、相続人全員の分を依頼する）

②被相続人の居住地の所轄税務署に電話依頼して、納付書を郵送してもらう（相続人全員の分を依頼する）

納付書の書き方は、左ページのサンプルのように住所欄に被相続人と相続人の住所を併記し、氏名欄も同様に被相続人、相続人の氏名を併記します（相続人が被相続人と同居の場合、住所の欄は併記不要）。

相続税を納付する場所には、いろいろな選択肢《し》があります。

銀行や信用金庫などの金融機関で現金による納付手続きができます。また、相続税の申告書を提出することで、税務署でも現金による納付手続きができます。コンビニエンスストアでの納付も可能です。ただし、事前に税務署にバーコードつきの納付書をもらう必要があり、かつ30万円以下の納税に限定されています。

ネットで振り込むこともできる

相続税の納付手段は現金による一括納付が原則です。事前に国税庁ホームページ上でe－Taxに登録を行い、利用者識別番号を取得し、暗証番号などを登録することにより、ネットバンキングから振り込むことも可能です（ただし、事前準備に手間がかかるので余裕を持って行いましょう）。

また、国税庁ホームページの国税お支払いサイトからクレジットカードによる納付も可能ですが、1万円当たり80円の手数料がかかります。

期限内に納税するようにしましょう。

納付書の書き方サンプル

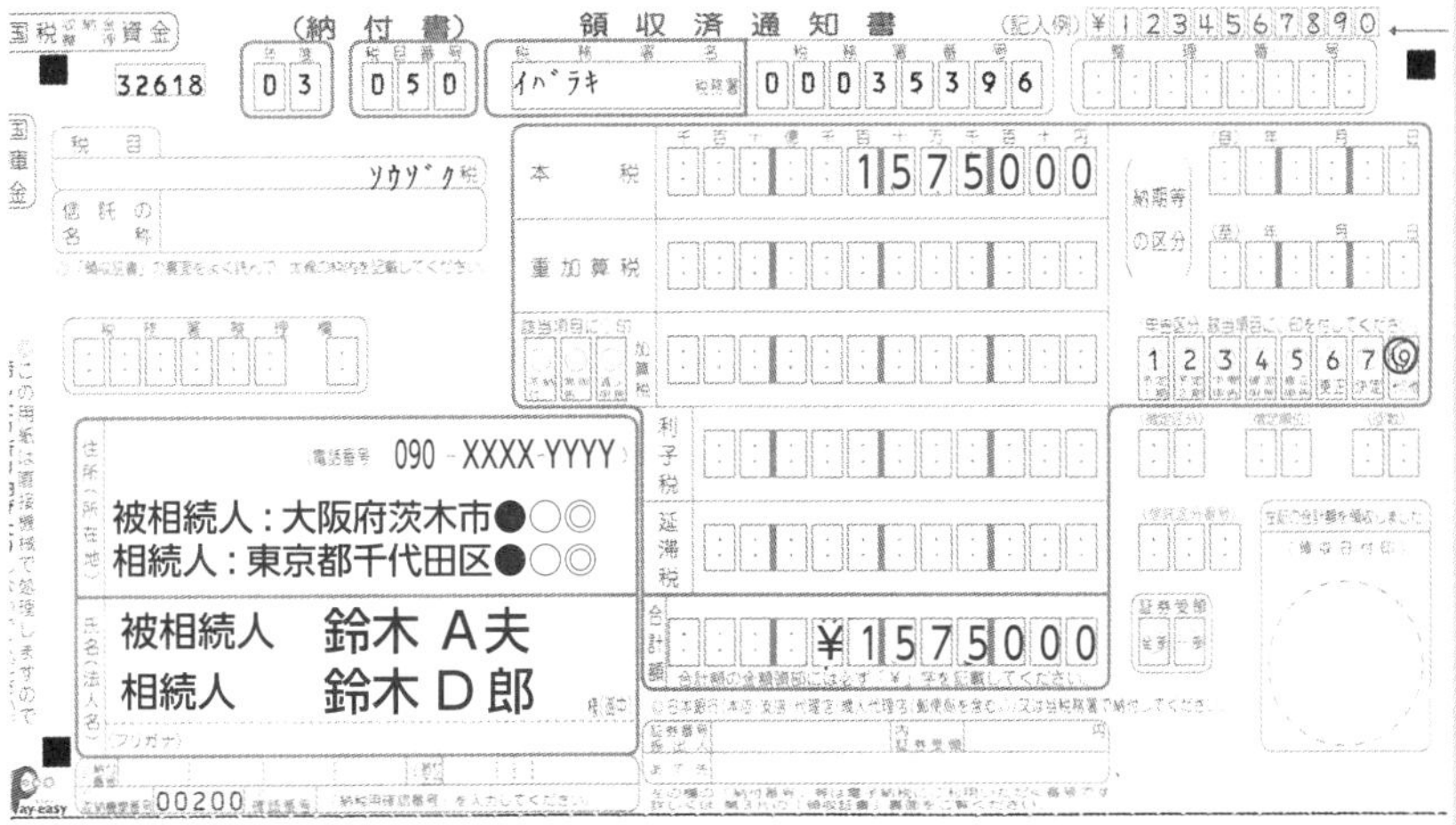

※相続税の納付書は、税務署の窓口で作成してもらうか、税務署に電話をして郵送してもらう。コンビニエンスストアで納付する場合は、バーコードつきの納付書が必要になる

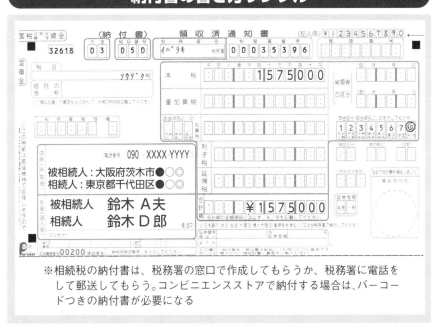

Q125 相続税を払えそうもありません。どうすればいいですか？

延納や物納という方法がある

相続税額が10万円を超え、預貯金などの換金性の高い財産が少ないなど、現金で一括納付することが困難な場合、納税者には、「延納」や「物納」という選択肢があります。

延納の場合、有価証券や不動産などの担保を提供することにより、年賦《ねんぷ》で納付することができます。ただし、事前に税務署への相談が必要で、延納期間中は利子税を納付しなければなりません。

延納期間は、相続財産のうちの不動産が占める割合によって異なってきます。

まず、不動産の占める割合が50％未満の場合は、延納期間は5年以内と定められています。

次に、不動産が50％以上75％未満の場合は、動産（不動産以外のすべての財産。現金・商品など）にかかる相続税額の延納期間は10年以内、不動産にかかる相続税額の延納期間は15年以内になります。

さらに、不動産が75％以上の場合は、動産にかかる相続税額の延納期限は10年以内、不動産にかかる相続税額の延納期限は20年以内にまで延びます。

延納制度を利用しても納税することが難しく、現金での納付が困難になった場合に限り、相続した財産（不動産など）を現物のまま相続税の支払いに充てる物納という制度の利用が可能となります。

現物納付となる財産の価額は相続税の計算の基礎となった財産の価額になり、かつ、小規模宅地等について課税価格の特例適用を受けた相続財産を物納する場合には、物納の価額は特例適用後の価額となります。

ただし、物納には厳しい条件があるので、早めに税務署に確認することが大切です。

物納の場合も相続税の申告期限（相続開始を知った日の翌日から10ヵ月以内）までに物納申請書などの関係書類を添えて申告しなければなりません。

10ヵ月以内

Q126 納税すると10人に1人が「税務調査」を受けるというのは本当ですか？

適宜対応

申告書に不備があると受けやすい

本当です。相続税の「税務調査」では、税務職員が相続人の自宅を訪問する実地調査、電話や文書などによる連絡や相続人を税務署に呼ぶなどの簡易的な調査があります。両方合わせると**申告書を提出した人のうち約10人に1人の割合で税務調査**が行われています。

税務調査の対象になりやすいケースは、「申告書の計算に誤りがある」「相続した遺産が多いはずなのに相続税の申告書が提出されていない」「相続人が自分で申告書を作成して税理士が関与していない」などです。役所に死亡届を提出すると自動的に税務署に連絡が入るため、相続税の申告をしない人に対しても毎年1000件程度の税務調査が行われています。

Q127 相続税の申告後、間違いに気づきました。どうしたらいいですか？

5年以内

税務調査前に自主申告を行おう

相続税の申告後に、申告もれに気づいた場合は、できるだけ早めに正しい内容に修正し、申告し直しましょう。

修正内容により、納付した税額の差額が還付される場合もあれば、追加で課税される場合もでてきます。

ポイントは、税務調査が入る前に自主申告したほうが税金を最低限に抑えることができるという点です。

申告もれがあった場合でも、税務調査が入る前に自主的に「修正申告」を行えば、後述する「過少申告加算税」は免除されます。また、「無申告加算税」も最低限の金額ですみます。

修正申告とは、提出ずみの申告書の誤りを訂正するのではなく、相続税の申告内容を修正するために行う申告のことで、「修正申告書」という専用の用紙を使います。用紙は国税庁のホームページからダウンロードできます。そして修正申告書を税務署へ提出し、追加の納税を行うことにより完了します。

また、**相続税の申告・納税後に過大に申告したことに気づいた場合は、なるべく早めに更正の請求手続きを行ってください。というのは、更正の請求には「本来の申告期限から5年以内」という期限があるからです。**そして、更正請求内容が認められた場合には、税務署から減額更正通知が届き、納付した税額の差額が還付されます。

納付期限までに相続税を納付しなかった場合は、「延滞税」が課せられます。納付期限から実際に納付した日までの日数に本税の年率14・6％を掛けて計算します（納付期限から2ヵ月以内に納めた場合は年7・3％）。

また、**税務調査によって申告した税額が本来の税額より過少だったことが発覚した場合、新たに納めることになった税金の10％相当額の過少申告加算税が課せられます。**ただし、新たに納める税金が当初の申告納税額と50万円とのいずれか多い金額を超えている場合、その超えている部分については15％になります。冒頭で説明したように、自主的に修正申告書を提出した場合は、過少申告加算税は課されません。

納付すべき相続税があるにもかかわらず、申告書を提出していなかった場合には、無申告加算税が課されます。税務調査により発覚した場合は、新たに納めることになった税金の15％相当額が加算されます。自主的に申告書を提出した場合は、納付すべき税金の5％相当額になります。

生前贈与や名義預金は指摘されやすい

申告もれが指摘されやすいのは、「生前贈与」や「名義預金」です。生前に贈与していた現金、有価証券、不動産だけでなく、相続人名義ではあっても実際のお金の管理や、資金の出所が亡くなった人による預貯金や有価証券は名義預金と見なされ、申告もれを指摘されるケースが増加しています。

申告準備のさいには、きちんとした確認を怠らないように気をつけましょう。

第9章

[遺族年金]の請求手続きについての疑問11

社会保険労務士法人東海林・旭事務所会長
特定社会保険労務士 東海林《しょうじ》正昭《まさあき》

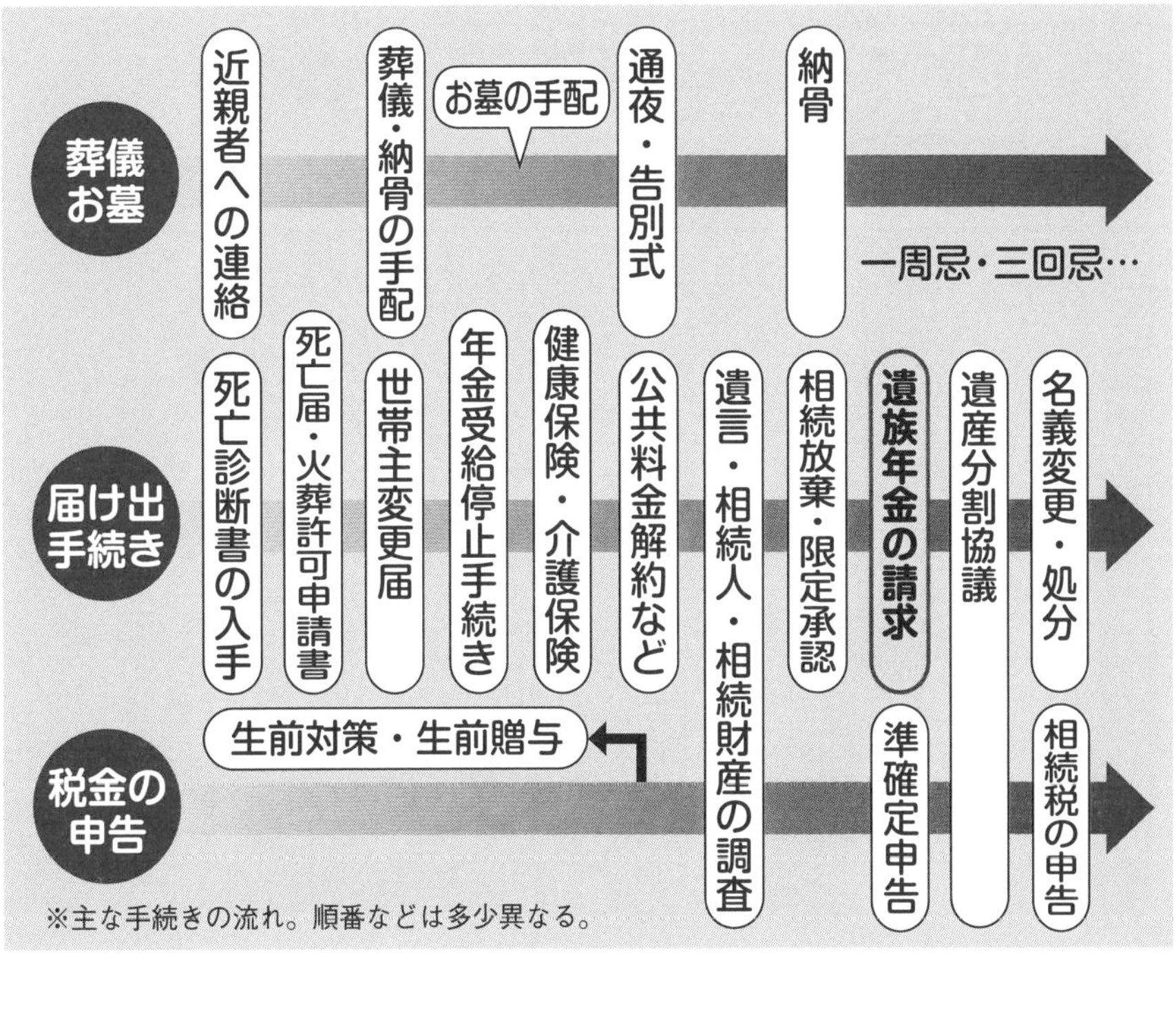

世帯主が亡くなったとき頼りになる遺族年金は時効があるので要注意！

遺族基礎年金の計算式はこのとおりじゃ
● 遺族基礎年金の年金額
795,000円（2023年度価額 67歳以下）＋子の加算額
※子は18歳未満（または障害１・２級の20歳未満）
※第１子・第２子…各 228,700円
第３子以降各 76,200円
じゃあうちは子供が２人だから約45万円の加算ね
遺族基礎年金は合計で約１２５万円……
遺族厚生年金はいくら?
給料の額によって違う! まあ40万〜50万円程度と考えられる
合計で約１７０万円ね
まあなんとか生活できるな
ええ助かるわ
どこで手続きすればいいの?
年金事務所じゃ 正確な受給額は窓口で教えてくれる
なお年金の時効は５年じゃ
全部を受給できないわけではないが５年を超過した分の年金はもらえなくなるので要注意じゃ
おっと
やべ
早速手続きに行くわ
ありがとよー

Q128 そもそも「遺族年金」とはなんですか？

5年で時効

遺族の生活を支えてくれる公的年金

「遺族年金」は、公的年金である国民年金、厚生年金の被保険者（または被保険者だった人）が亡くなったとき、被相続人（故人）が保険料納付などの支給要件を満たしていた場合、故人の所得で生計を維持していた遺族が受けられる年金です。

遺族年金には、国民年金の「遺族基礎年金」と、厚生年金の「遺族厚生年金」があります。遺族がどの遺族年金を受け取れるかは、故人がどの被保険者に該当するか（下の図を参照）によって決まります。

国民年金の被保険者には、国民年金のみに加入する「第1号被保険者」、国民年金と厚生年金の両方に加入する「第2号被保険者」、第2号被保険者に扶養されている主婦などが対象となる「第3号被保険者」の3種類があります（以下、第1号などと略す）。第1号は、主に自営業者や農業に従事する人、学生、無職の人な

被保険者の種類

国民年金の被保険者の種類には、第1～3号の3タイプがある。なお第2号は、厚生年金との同時加入になる。
第1号被保険者
国民年金
(自営業者など)
第2号被保険者
国民年金＆厚生年金
(会社員や公務員など)
第3号被保険者
国民年金
(会社員・公務員の妻など)

どです。第2号は、法人や団体で働く会社員や公務員などが当てはまります。

請求手続きを速やかに行おう

第1号や第3号の加入期間だけの人が亡くなった場合は遺族基礎年金、第2号が亡くなった場合は遺族基礎年金＋遺族厚生年金の支給対象となります。

遺族基礎年金や遺族厚生年金の**ほかにも、「寡婦《かふ》年金」「死亡一時金」（Q134参照）を受け取れることがあります。**また、**遺族厚生年金は、条件によって「中高齢寡婦加算」「経過的寡婦加算」（Q135参照）がプラスされます。**

遺族年金の支給要件を満たす場合は、請求手続きを行うことで支給を受けられます。遺族年金の請求手続きは、市区町村役場、年金事務所、年金相談センターで行います（Q132参照）。

なお、**国民年金や厚生年金には5年の時効があります。**年金の受給権が発生してから5年以内に請求しないと、5年を超過した分の年金は受け取れなくなってしまうので、請求手続きは速やかに行いましょう。

遺族年金の支給要件

遺族基礎年金	遺族厚生年金
① 国民年金被保険者の死亡 ② 国民年金被保険者であった60歳以上65歳未満で日本国内に住所がある人の死亡 ③ 国民年金の受給資格期間が25年以上ある人の死亡 ※上記①～③のいずれか ※上記①②の場合、以下の保険料の納付要件あり。死亡日の前々月までに国民年金の保険料納付期間等が加入期間の2/3以上ある。または、死亡日の前々月まで１年間の滞納がない（2026年４月１日前）	① 厚生年金加入中の死亡 ② 厚生年金加入中に初診日のある病気やケガが原因で、初診日から５年以内に死亡 ③ 障害厚生年金１級または２級の受給権者の死亡 ④ 受給資格期間が原則25年以上あって厚生年金の加入期間がある人の死亡 ※上記①～④のいずれか ※上記①②の場合、遺族基礎年金と同じ保険料の納付要件あり

Q129 年金受給の停止と同時の請求で「未支給年金」がもらえるというのは本当？

5年で時効

未支給年金の請求を忘れずに！

年金を受けている人が亡くなると、死亡した日をもって受給権を失います。そのため、「受給権者死亡届（報告書）」を年金事務所または年金相談センターに提出し、年金の支給を停止する必要があります。

この手続きが遅れ、故人の年金が支払われてしまった場合は、その分を返還しなければなりません。

また、年金は後払いのため、死亡した月までに支払われていない「未支給年金」が発生しています。

未支給年金を受け取れる遺族は、①配偶者、②子、③父母、④孫、⑤祖父母、⑥兄弟姉妹、⑦その他の3親等以内の親族です（優先順）。3親等内の親族については、下の図を参照してください。

未支給年金の請求手続きは、年金事務所または年金相談センターで行い、「未支給年金・未支払給付金請求書」と添付書類（年金証書など）を提出します。

未支給年金を受け取れる、3親等内の親族

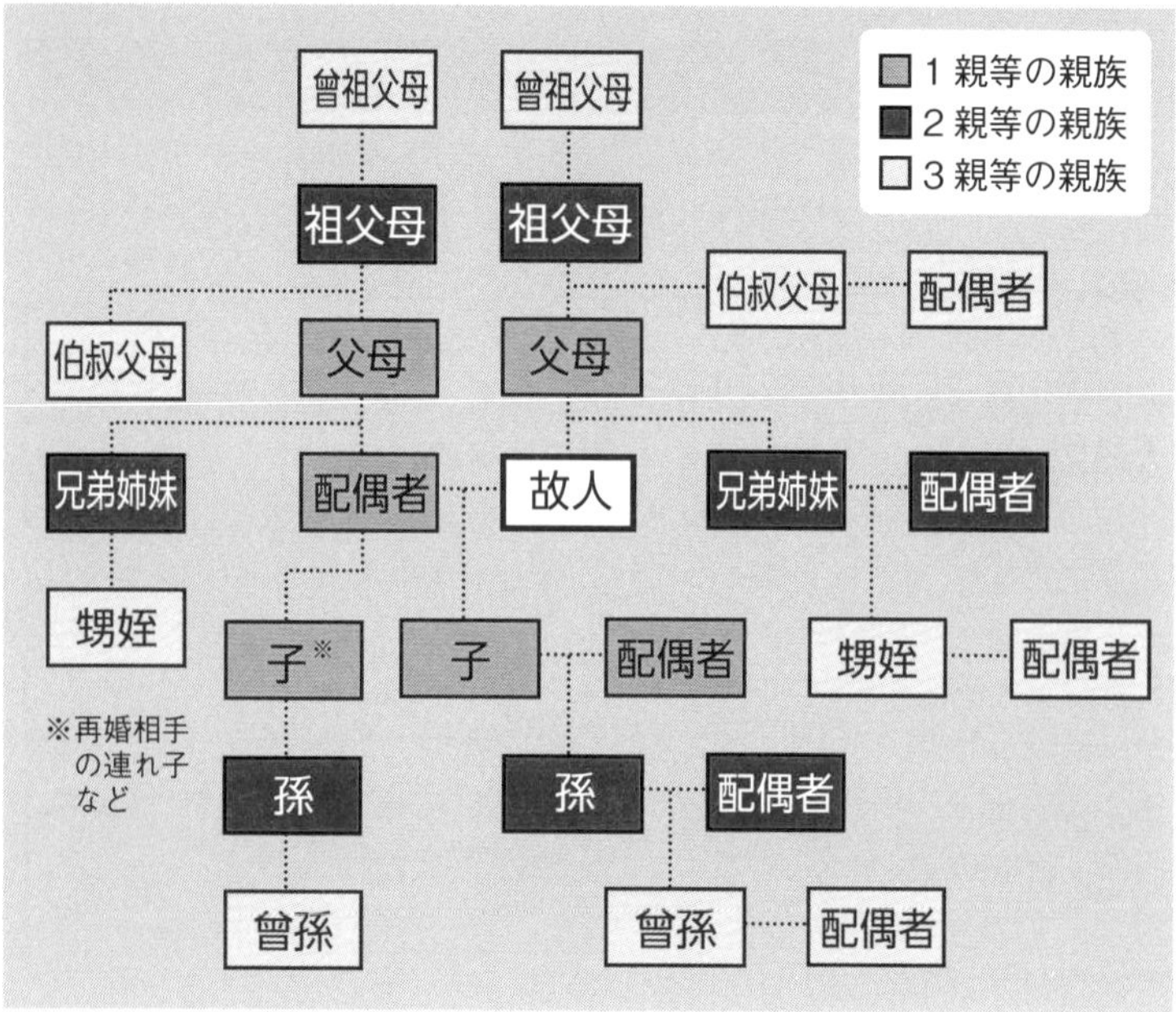
1親等の親族
2親等の親族
3親等の親族
曾祖父母
曾祖父母
祖父母
祖父母
伯叔父母
配偶者
伯叔父母
父母
父母
兄弟姉妹
配偶者
故人
兄弟姉妹
配偶者
甥姪
子※
子
配偶者
甥姪
配偶者
※再婚相手の連れ子など
孫
孫
配偶者
曾孫
曾孫
配偶者

Q 130 遺族年金がもらえるのは誰ですか？国民年金と厚生年金で違いますか？

5年で時効

加入する年金で支給要件は異なる

　国民年金の「遺族基礎年金」と、厚生年金の「遺族厚生年金」では、遺族年金をもらえる対象者の要件が異なります。くわしくは、下の表を参照してください。

遺族基礎年金の対象者は、子供のある配偶者（妻・夫）か、未成年で一定の要件に当てはまる子供です（子供のある夫は２０１４年４月以降に妻を亡くした人が対象）。

遺族厚生年金の対象者は、妻、18歳年度末までで一定の要件に当てはまる子供・孫、55歳以上の夫・父母・祖父母です。妻に子供がなく30歳未満のときは、終身ではなく5年間の有期給付です。また夫・父母・祖父母の場合は60歳から支給されます（夫が遺族基礎年金を受給している場合は遺族厚生年金も併せてもらえる）。

　遺族厚生年金のほうが対象者の範囲が広く、子供がいなくても請求できるので、遺族基礎年金に比べてもらいやすいといえるでしょう。

遺族基礎年金、遺族厚生年金の対象者

遺族基礎年金の対象者 ※故人によって生計を維持されていた人	● 子（下記の条件）のある妻 ● 子（下記の条件）のある夫 ● 18歳になった年度の末日（3/31）を経過していない子 ● 20歳未満で１級・２級の障害を持つ子
遺族厚生年金の対象者 ※故人によって生計を維持されていた人	● 妻 ● 18歳になった年度の末日（3/31）を経過していない子、孫 ● 20歳未満で１級・２級の障害を持つ子、孫 ● 55歳以上の夫、父母、祖父母 ※30歳未満の子供のない妻は、５年間の有期給付 ※夫、父母、祖父母の支給は60歳から。ただし、夫は遺族基礎年金を受給中の場合に限り、遺族厚生年金も合わせて受給可能

Q131 遺族年金はどれくらいもらえますか？

5年で時効

遺族基礎年金は約79万円＋子の加算

国民年金の「遺族基礎年金」、厚生年金の「遺族厚生年金」は、それぞれ支給される年金額が違います。

まず、**遺族基礎年金は、79万5000円に子の加算を加えた合計が年金額となります**（左ページの計算式参照）。

次に、**遺族厚生年金は、被相続人（故人）がもらえたはずの老齢厚生年金（報酬比例部分）の4分の3となります**。支給額は、2003年3月以前の平均標準報酬月額（給与のみのほぼ平均月収）、同年4月以降の平均標準報酬額（給与に賞与を加えたほぼ平均月収）をもとに計算します。計算式には左ページ下に示した「本来水準」のほかに、もう1つ「従前額保障」という計算式があります（従前額保障の計算式は複雑なので省略）。実際には、2つの計算式で算出した年金額を比較し、多いほうの年金額が支給されることになります。

支給される遺族厚生年金には「中高齢寡婦《かふ》加算」（Q135参照）などが上乗せされることがあります。このように遺族厚生年金は平均月収と加入期間で決まるため、若くして亡くなると年金額が少なくなってしまいます。そこで加入期間が25年未満の人が亡くなったときは、原則25年加入したものとして計算されます。

65歳前と65歳以降の年金

遺族の妻が65歳前で「特別支給の老齢厚生年金（特老厚）」を受給していた場合、この特老厚と、亡くなった夫の遺族厚生年金額の選択という問題があります。

65歳前は、年金は1つしかもらえません。そこで、65歳前には妻自身の特老厚と夫の遺族厚生年金の年金額を比較し、どちらか多いほうを選択します。

65歳以降は、妻自身の老齢基礎年金と老齢厚生年金を全額もらいます。そのうえで、妻の老齢厚生年金よりも本来もらうべき夫の遺族厚生年金のほうが多い場合は、その差額分を遺族厚生年金としてもらいます。

遺族基礎年金の支給額（年額）

《遺族基礎年金の計算式》

［年間79万5,000円（67歳以下）＋ 子の加算］

《子の加算》

⇒第１子、第２子は、**各 22万8,700円**

⇒第３子以降は、**各7万6,200円**

※２人以上の子供だけが遺族基礎年金を受給する場合、第１子が79万5,000円となり、子の加算は第２子以降について行う。また、１人当たりの年金額は、子供の数で割った額になる。※年金額は2023年度価額。

《例》子供が３人いる場合（配偶者の受給額）

79万5,000円 ＋（22万8,700円×２）＋ ７万6,200円

＝年間の支給額 132万8,600円

遺族厚生年金の支給額（年額）

《遺族厚生年金の計算式（本来水準）》

平均標準報酬月額 × $\frac{7.125}{1,000}$ × 2003年３月以前の加入月数

＋

平均標準報酬額 × $\frac{5.481}{1,000}$ × 2003年４月以降の加入月数

×

$\frac{3}{4}$

Q132 遺族年金の「請求手続き」はどう行いますか？

年金請求書と添付書類を提出する

遺族基礎年金や遺族厚生年金を受け取るためには、**「年金請求書」（Q133参照）と添付書類を提出しなければなりません。**添付書類は、①年金手帳、②戸籍謄本（または法定相続情報一覧図の写し）、③世帯全員の住民票の写し、④故人の住民票の除票、⑤請求者の所得証明書、⑥子供の学生証、⑦市区町村長に提出した死亡診断書等のコピー、⑧年金を受け取る本人名義の通帳などです（③〜⑥はマイナンバーを記入すれば不要）。

提出先は、遺族基礎年金の場合は市区町村役場（死亡日が国民年金第3号被保険者期間中なら年金事務所または年金相談センター）、遺族厚生年金の場合は年金事務所または年金相談センターと、それぞれ違います。

提出すると、1〜2ヵ月後に「年金証書・年金決定通知書」が自宅へ郵送されます。この通知が届けば、遺族年金の受給資格を得たことになります。遺族年金の受給が始まるのは、年金証書・年金決定通知書が届いてから50日程度たってからです。偶数月の15日（土日祝日の場合はその前日）に2ヵ月分受け取れます。

5年で時効

Q133 年金請求書の書き方の具体例を教えてください。

記入例を見ながら書いていくだけ

遺族年金の「年金請求書」は、注意事項を含めて12枚つづりになっており、人によっては記入不要の項目もあります。それぞれの書き方は、年金請求書についている「記入例」を参照してください。

ここでは参考までに、**205〜206ページで年金請求書の1ページめと3ページめの記入例を紹介します。**

5年で時効

年金請求書（国民年金・厚生年金保険遺族給付）の書き方①

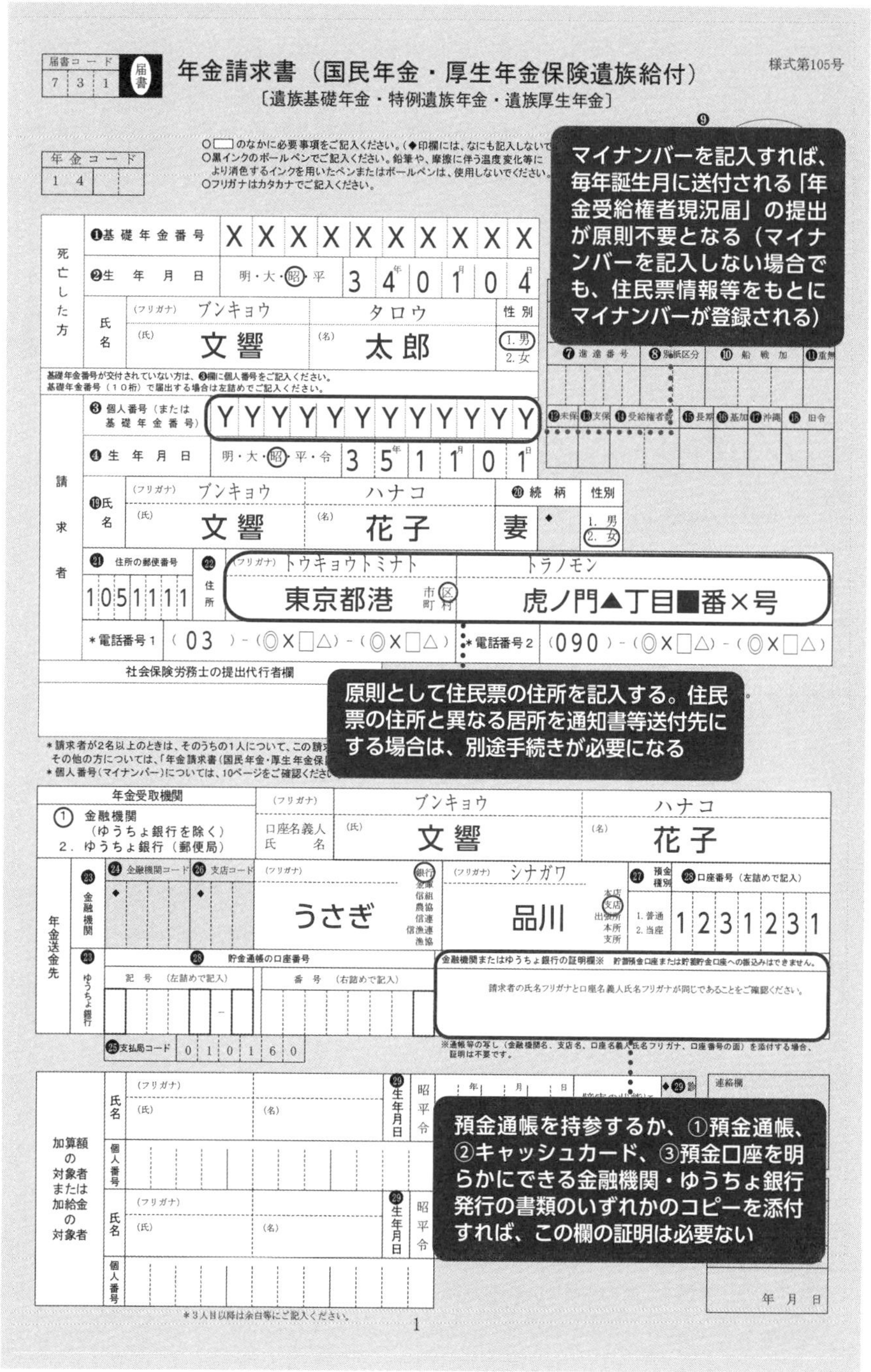

届書コード 7 3 1 届書

年金請求書（国民年金・厚生年金保険遺族給付）

〔遺族基礎年金・特例遺族年金・遺族厚生年金〕

様式第105号

年金コード 1 4

○□のなかに必要事項をご記入ください。（◆印欄には、なにも記入しないで…）

○黒インクのボールペンでご記入ください。鉛筆や、摩擦に伴う温度変化等により消色するインクを用いたペンまたはボールペンは、使用しないでください。

○フリガナはカタカナでご記入ください。

死亡した方

❶基礎年金番号	X X X X X X X X X X
❷生年月日	明・大・㊊昭・平　34年01月04日
氏名	（フリガナ）ブンキョウ タロウ　（氏）文響（名）太郎
性別	①1. 男　2. 女

基礎年金番号が交付されていない方は、❸欄に個人番号をご記入ください。
基礎年金番号（10桁）で届出する場合は左詰めでご記入ください。

請求者

❸個人番号（または基礎年金番号）	Y Y Y Y Y Y Y Y Y Y Y Y
❹生年月日	明・大・㊊昭・平・令　35年11月01日
⑲氏名	（フリガナ）ブンキョウ ハナコ　（氏）文響（名）花子
⑳続柄	妻
性別	1. 男　②2. 女
㉑住所の郵便番号	1051111
㉒住所	（フリガナ）トウキョウトミナト　東京都港（区）　トラノモン　虎ノ門▲丁目■番×号
＊電話番号1	（03）－（◎×□△）－（◎×□△）
＊電話番号2	（090）－（◎×□△）－（◎×□△）

社会保険労務士の提出代行者欄

⑦遺達番号　⑧別紙区分　⑩船戦加　⑪重無　⑫未保　⑬支保　⑭受給権者数　⑮長期　⑯基加　⑰沖縄　⑱旧合

＊請求者が2名以上のときは、そのうちの1人について、この請求…
その他の方については、「年金請求書（国民年金・厚生年金保…
＊個人番号（マイナンバー）については、10ページをご確認ください…

年金受取機関

①金融機関（ゆうちょ銀行を除く）
2. ゆうちょ銀行（郵便局）

口座名義人氏名　（フリガナ）ブンキョウ ハナコ　（氏）文響（名）花子

年金送金先

㉓金融機関	㉔金融機関コード ◆　㉖支店コード ◆
金融機関名	（フリガナ）うさぎ　（銀行）金庫 信組 農協 信連 信漁連 漁協
支店名	（フリガナ）シナガワ　品川（支店）本店 出張所 本所 支所
㉗預金種別	1. 普通　2. 当座
㉘口座番号（左詰めで記入）	1231231
㉓ゆうちょ銀行	㉘貯金通帳の口座番号　記号（左詰めで記入）　番号（右詰めで記入）

金融機関またはゆうちょ銀行の証明欄※　貯蓄預金口座または貯蓄貯金口座への振込みはできません。

請求者の氏名フリガナと口座名義人氏名フリガナが同じであることをご確認ください。

㉕支払局コード　0 1 0 1 6 0

※通帳等の写し（金融機関名、支店名、口座名義人氏名フリガナ、口座番号の面）を添付する場合、証明は不要です。

加算額の対象者または加給金の対象者

氏名	（フリガナ）（氏）（名）
㉙生年月日	昭・平・令　年　月　日
個人番号	
氏名	（フリガナ）（氏）（名）
㉙生年月日	昭・平・令
個人番号	

◆㉙診　連絡欄　年　月　日

＊3人目以降は余白等にご記入ください。

1

年金請求書（国民年金・厚生年金保険遺族給付）の書き方②

㋡ 必ずご記入ください。

(1)死亡した方の生年月日、住所	昭和34年 1 月 4 日	住所	東京都港区虎ノ門▲-■-×

(2)死亡年月日	(3)死亡の原因である傷病または負傷の名称	(4)傷病または負傷の発生した日
令和▲年 8 月 1 日	心筋梗塞	年 月 日
(5)傷病または負傷の初診日	**(6)死亡の原因である傷病または負傷の発生原因**	**(7)死亡の原因は第三者の行為によりますか。**
年 月 日		1. はい・(2. いいえ)

(8)死亡の原因が第三者の行為により発生したものであるときは、その者の氏名および住所	氏名	
	住所	

(9)請求する方は、死亡した方の相続人になれますか。　(1. はい)・2. いいえ

(10)死亡した方は次の年金制度の被保険者、組合員または加入者

(1.) 国民年金法　(2.) 厚生年金保険

4. 廃止前の農林漁業団体職員共済組合法　5. 国家公務員共

7. 私立学校教職員組合法　8. 旧市町村職員共

交通事故など死亡の原因が第三者の行為による場合は、その旨を窓口に申し出る

(11)死亡した方は、(10)欄に示す年金制度から年金を受けていましたか。	1. はい (2. いいえ)	受けていたときは、その制度名と年金証書の基礎年金番号および年金コード等をご記入ください。	制度名	年金証書の基礎年金番号および年金コード等

(12)死亡の原因は業務上ですか。	(13)労災保険から給付が受けられますか。	(14)労働基準法による遺族補償が受けられますか。
1. はい・(2. いいえ)	1. はい・(2. いいえ)	1. はい・(2. いいえ)

(15)遺族厚生年金を請求する方は、下の欄の質問にお答えください。いずれかを○で囲んでください。

ア　死亡した方は、死亡の当時、厚生年金保険の被保険者でしたか。	1. はい・(2. いいえ)
イ　死亡した方が厚生年金保険(船員保険)の被保険者もしくは共済組合の組合員の資格を喪失した後に死亡したときであって、厚生年金保険(船員保険)の被保険者または共済組合の組合員であった間に発した傷病または負傷が原因で、その初診日から5年以内に死亡したものですか。	(1. はい)・2. いいえ
ウ　死亡した方は、死亡の当時、障害厚生年金(2級以上)または旧厚生年金保険(旧船員保険)の障害年金(2級相当以上)もしくは共済組合の障害年金(2級相当以上)を受けていましたか。	1. はい・(2. いいえ)
エ　死亡した方は平成29年7月までに老齢厚生年金または旧厚生年金保険(旧船員保険)の老齢年金・通算老齢年金もしくは共済組合の退職給付の年金の受給権者でしたか。	1. はい・(2. いいえ)
オ　死亡した方は保険料納付済期間、保険料免除期間および合算対象期間(死亡した方が大正15年4月1日以前生まれの場合は通算対象期間)を合算した期間が25年以上ありましたか。	(1. はい)・2. いいえ

①アからウのいずれか、またはエもしくはオに「はい」と答えた方
⇒(16)にお進みください。

②アからウのいずれかに「はい」と答えた方で、エまたはオについても「はい」と答えた方
⇒下の☐のうち、希望する欄に☑を付してください。

☐ 年金額が高い方の計算方法での決定を希望する。

☐ 指定する計算方法での決定を希望する。
⇒右欄のアからウのいずれか、またはエもしくはオを○で囲んでください。　ア・イ・ウ または エ・オ

年金を受け取っていた人が亡くなった場合は、死亡届を提出しなければならない

(16)死亡した方が共済組合等に加入したことがあるときは、下の欄の質問にお答えください。

ア　死亡の原因は、公務上の事由によりますか。	1. はい・(2. いいえ)
イ　請求者は同一事由によって、追加費用対象期間を有することによる共済組合法に基づく遺族給付を受けられますか。	1. はい・(2. いいえ)

年金請求書には書き方①・②で紹介したもの以外に請求者の年金受取り状況、死亡した人の公的年金制度加入経過、生計維持申立書、機構独自項目、委任状などがある

Q134 遺族基礎年金を受給できない場合、補償は何もないのですか？

寡婦年金や死亡一時金の支給がある

遺族基礎年金は、一定条件の子供がいる妻や夫、あるいは子供が支給対象になっているため、子供がいないなど条件に当てはまらない人はもらえません。

そんな人の生活を補助するために**「寡婦《かふ》年金」「死亡一時金」**という制度があります（下の表参照）。

寡婦年金は夫を亡くした60～64歳の寡婦を対象とした年金です。 通常、老齢基礎年金が受給開始になる65歳まで老齢基礎年金の4分の3が支給されます（老齢基礎年金を繰上げ受給すると寡婦年金はもらえなくなる）。

死亡一時金は、被相続人（故人）と生計を同一にしていた家族が1回だけもらえます。 受給額は、保険料を納めた期間に応じて12万～32万円となっています。

寡婦年金と死亡一時金の両方の支給対象となる場合は、いずれか一つを選ぶことになります。請求手続きは、市区町村役場または年金事務所で行います。

寡婦年金・死亡一時金の支給要件

	寡婦年金	死亡一時金
亡くなった人の要件	●国民年金の第１号被保険者として、保険料を納めた期間が10年以上 ●老齢基礎年金、障害基礎年金を受けたことがない	●国民年金の第１号被保険者として、保険料を納めた期間が３年以上 ●老齢基礎年金、障害基礎年金を受けたことがない
受給対象者	10年以上継続して婚姻関係にある妻で、60歳から64歳の間	生計を同一にしていた、①配偶者、②子、③父母、④孫、⑤祖父母、⑥兄弟姉妹（優先順）
時効期間	原則、死亡日の翌日から５年	死亡日の翌日から２年
注意点	妻が老齢基礎年金を繰上げ受給している場合は請求できない	遺族に遺族基礎年金を受けられる人がいる場合は請求できない

2～5年で時効

Q135 遺族厚生年金の「妻の加算」は、どんな場合にもらえますか？

亡き夫の要件は1つ満たせばOK！

遺族厚生年金の受給権者である妻には、特定の要件に該当したときに加算される給付があります。それが**「中高齢寡《か》婦《ふ》加算」「経過的寡婦加算」**です。それぞれの支給要件については、下の表を参照してください。

まず、**中高齢寡婦加算は、夫を亡くした妻が40～64歳の間に加算される給付です。**年額は59万6300円（2023年度価額）です。

ただし、遺族基礎年金を受けている妻は、40～64歳であっても子供が18歳の年度を過ぎるまで、あるいは1級・2級の障害を持つ子供が20歳になるまで、中高齢寡婦加算は支給停止になります。

次に、**経過的寡婦加算は、1956年4月1日以前に生まれた妻などに支給されます。**この加算は遺族厚生年金の受給権者である限りもらえますが、障害基礎年金を受給する場合には支給停止となります。

中高齢寡婦加算、経過的寡婦加算の要件

	中高齢寡婦加算	経過的寡婦加算
亡くなった夫の要件 ※いずれか1つ	●厚生年金の被保険者期間中の病気やケガが原因で5年以内に死亡 ●1級、2級の障害厚生年金を受給 ●被保険者期間20年以上	同左
妻の要件 ※いずれか1つ	●夫の死亡時に40～64歳で子がいない ●夫の死亡時に40～64歳で子がおり、遺族基礎年金を受給していた	●中高齢寡婦加算の対象者 ●1956年4月1日以前の生まれ
受給期間	妻が40～64歳の間	妻が65歳以降
受給額（加算額）	年間59万6,300円	年間59万4,500円～1万9,865円 ※妻の生年月日に応じて

※妻の要件にある子は、18歳の年度を超えていないこと、または20歳未満で1級、2級の障害を持つことが条件

速やかに

Q136 18歳以下の子供がいます。子供の補償はないのでしょうか？

「児童扶養手当」の支給対象になる

配偶者を亡くした一人親などで、18歳以下（18歳の誕生日の属する年度末を超えていない）の子供、または20歳未満で1級・2級の障害を持つ子供がいる場合は「児童扶養手当」の支給対象となります（下の表参照）。

児童扶養手当が支給されるのは、受給者（父あるいは母）や生計を同じにする扶養義務者（祖父母など）の所得（年額）の合計が一定以下の場合です。所得制限の限度額を超えると、児童扶養手当の支給は停止されます。遺族年金との調整もあります。

児童扶養手当は、所得が低い場合にもらえる「全部支給」と、一定以上の収入のある人が所得に応じてもらえる「一部支給」に分かれます。しくみとしては、所得の低い人ほどたくさんの手当をもらえる制度です。

請求手続きは、市区町村役場で行います。

なお、児童扶養手当は、配偶者との死別だけでなく、

離婚して一人親になった人も請求できます。支払回数については、2019年11月分から、2ヵ月ごと年6回に見直されました（以前は4ヵ月ごと年3回）。

速やかに

児童扶養手当の支給額（月額）

児童の数	全部支給	一部支給
1人	4万3,160円	所得に応じて 1万180～4万3,150円
2人	児童1人の額に 1万190円を加算	児童1人の額に 所得に応じて 5,100～1万180円を加算
3人目以降	1人増すごとに 児童2人の額に 6,110円を加算	1人増すごとに 児童2人の額に所得に応じて 3,060～6,100円を加算

Q137 夫が通勤途中の事故で死亡しました。手厚い年金がもらえるそうですが？

速やかに

労災保険の給付が受けられる

労働者が業務中または通勤中の事故で亡くなった場合、遺族は労働者災害補償保険（労災保険）の「遺族補償年金」や「遺族特別支給金」などを受けられます。

これらの受給資格者は、労働者の死亡当時にその収入で生計を維持していた①配偶者、②子供、③父母、④孫、⑤祖父母、⑥兄弟姉妹（優先順）で、そのうち最先順位者に支給されます。妻以外は「夫、父母、祖父母は55歳以上」「子供、孫は18歳に達する日以後の最初の3月31日までの間にあること」「一定の障害があること」などの条件を満たさなくてはなりません。

右記の条件を満たさない場合でも「遺族補償一時金」や「遺族特別一時金」などが受けられます。

Q138 夫が失業給付の受給中に死亡しました。未支給分の給付はどうなりますか？

6ヵ月以内

死亡前日までの基本手当が支給される

失業によって雇用保険の基本手当（失業給付）を受給中の人が亡くなった場合、生計を同じくしていた遺族は、死亡日の前日までの未支給分の基本手当（未支給失業等給付）を受け取ることができます。

これは、雇用保険によるほかの失業等給付（教育訓練給付、高年齢雇用継続給付、育児休業給付など）を受けている人が亡くなった場合も同様です。

受給資格者は、生計を同じくしていた①配偶者、②子供、③父母、④孫、⑤祖父母、⑥兄弟姉妹（優先順）で、そのうちの1人だけに支給されます。請求手続きは死亡日の翌日から6ヵ月以内にハローワークで行い、「未支給失業等給付請求書」などを提出します。

第10章

将来の相続に備える［生前対策］についての疑問14

東池袋法律事務所
弁護士 根本達矢《ねもとたつや》

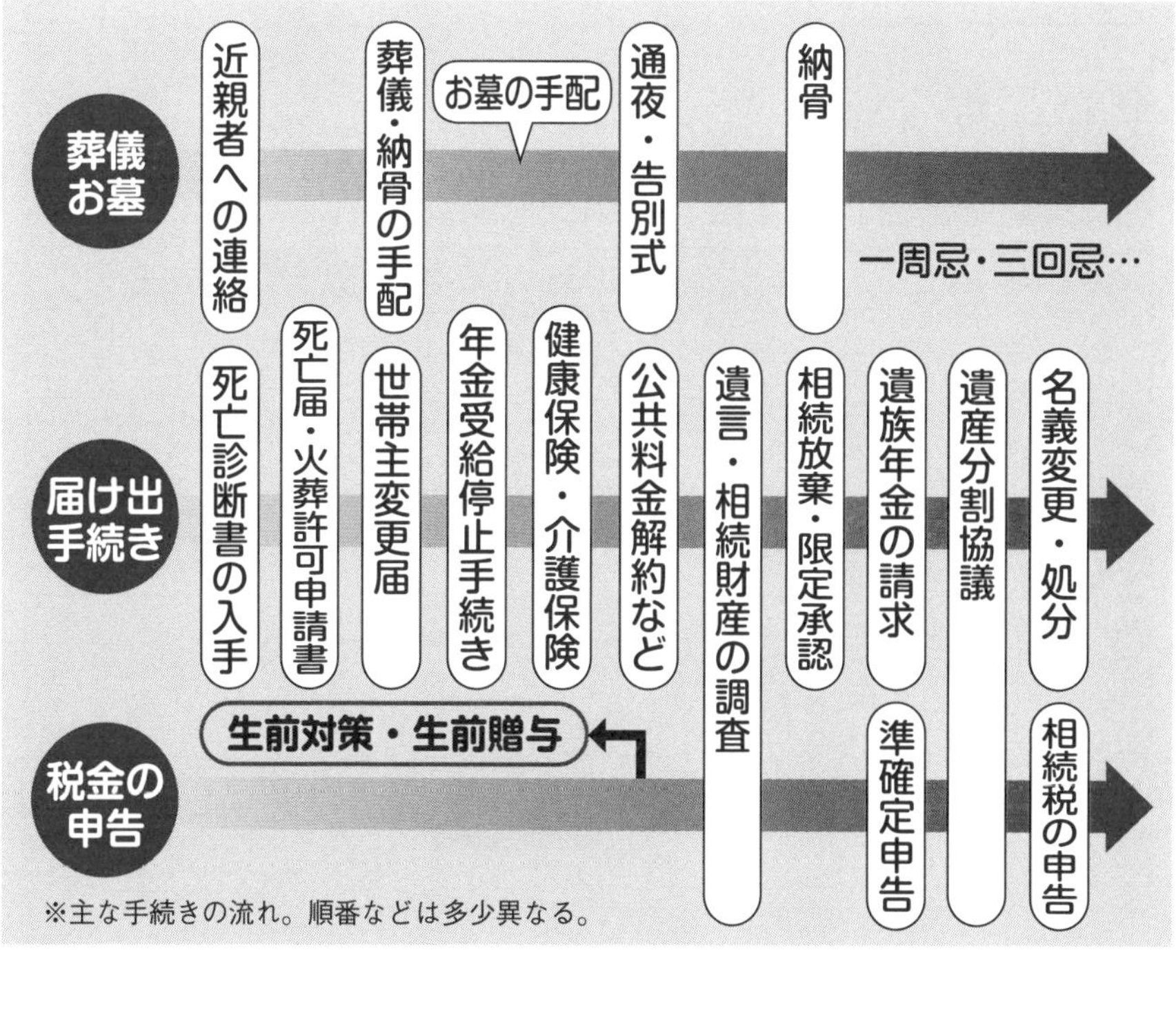

エンディングノートの作成や生前贈与で遺族の負担は大幅減！

栗山穂高・78歳
長男・剛也
お父さんの遺産株や会員権不動産もあるから相続税もだいぶ納めるんだろうな
相続博士
お困りですかのぉ
長女・金子雄子
おあいにくさま困ってないわ
次女・外崎愛子
お父さんこんなものを遺してくれたの
ほほうエンディングノートじゃな
万が一に備えて自分の人生の記録を書いておくノートじゃ
これ遺影の写真だわお気に入りだったのね
ここには財産目録が書かれているし
まあ見て相続税計算メモですって
計算メモ
私たち相続人の相続税が計算してあるわ
妻・レオ子
私たちが税金で苦しまないようにあらかじめ計算しておいてくれてたのよ
税金はかからないよう基礎控除内で収まっているはずだわ
たいしたもんじゃ

 ※2023年度の税制改正により、2024年１月から生前贈与の制度内容の一部が変わります。

Q139 亡くなる前に行っておくべきことはなんですか？

早めに

自分の希望は遺言書で伝える

最近は、いつか必ず訪れる自分の死に向けて「終活」を行う人が増えています。終活とは「人生の終わりを迎えるに当たっての活動」の略で、遺された家族のために、自分が生きているうちに身のまわりの整理を行っておくことをいいます。

終活の代表的なものが、「遺言書」の作成です。遺言書がない場合には、民法で定められた相続分（法定相続割合）に従って、法定相続人が遺産を分割して受け取ります（くわしくは第6章を参照）。

そのため、自分の世話をしてくれた息子の嫁にも遺産を渡したい、事実婚状態だが入籍していないパートナーに資産を遺したい、犬や猫などのペットの保護団体に寄付したい、といった希望がある場合には、相続人どうしのトラブルを防止する意味で、遺言書を作成しておくといいでしょう（上の図参照）。

ただし、遺言書の内容のすべてが優先されるわけではなく、法定相続人には「遺留分」があり、民法に基づいた一定の割合を受け取る権利があります。

また、**終活の一環として、「エンディングノート」を作っておく人も増えています。**資産が多い人は、事前に対策を行っておくことで、相続税の節約となります。**この第10章では、生前に行っておくべき、さまざまな対策について解説していきましょう。**

遺言書が必要な人とは

以下の項目に多く当てはまる人は、遺言書を遺すといい。

- ☑遺産を特定の相続人に多くあげたい
- ☑遺産を特定の相続人には遺したくない
- ☑土地・家屋などの分割しにくい不動産が多い
- ☑子供がいない夫婦である
- ☑事実婚状態で入籍していないカップルである
- ☑身寄りがなく、財産は友人やボランティア団体に寄付したい

早めに

Q140 遺言は数種類ありますが、どの遺言を遺すといいですか？

公正証書遺言がおすすめ

「自筆証書遺言」は、本人のみで作成・変更できる自由度の高い遺言書です。しかし、文書の形式に不備があると、遺言書として認められない場合があります。

また、死後に遺言書が発見されないケースや、相続人による遺言書の破棄、隠匿《いんとく》といった問題もあります。自筆証書遺言は、法務局の保管制度（Q143参照）を使わない限り、勝手に開封できず、家庭裁判所の「検認」（Q76参照）という手続きが必要になります。

「公正証書遺言」は、本人と証人2名で公証役場へ行き、本人が遺言内容を口述し、それを公証人が記述します。法的に有効な遺言を確実に遺せるので、この遺言書がおすすめです。外出できない場合は、公証人に自宅まで出向いてもらうこともできます。

公正証書遺言は、基本手数料や遺言加算などの費用がかかります。基本手数料については、遺す資産の価額によって異なり、資産が100万円以下なら基本手数料は5000円ですが、1億円の場合には4万3000円がかかります。

このほか、「秘密証書遺言」もあります。公正証書遺言と同じく公証役場で作成しますが、遺言内容は公証人にも秘密にできます。しかし、文書の形式に不備があると遺言書として認められないなどの理由から、あまり利用されていないのが現状です。

遺言書の種類

❶ 自筆証書遺言

自分で遺言の全文・日付・氏名を自書し、押印をする。書き間違えや遺言内容があいまいだと無効になることがある。

❷ 公正証書遺言

本人と証人２名で公証役場へ行き、本人が遺言内容を口述し、公証人が公正証書として作成する。最も確実な遺言書。

❸ 秘密証書遺言

公正証書遺言と同じく公証役場で作成するが、遺言内容は公証人にも知られることはない。しかし、無効とされることもあり、あまり利用されていない。

Q141 遺言は書き直すことができますか？

早めに

最も新しい遺言書が有効となる

民法では、遺言者は、いつでも遺言の方式に従って、その遺言の全部または一部を撤回（書き直し）することができると規定しています。書き直した場合、最も日付の新しい遺言書が有効とされます。

自筆証書遺言は、古い遺言書を破棄して新しく書き直せば、費用をかけずに何度でも作り直すことができます。ただし、書類に不備があると、無効とされることがあるので注意が必要です。

公正証書遺言の場合には、新たに公正役場で遺言書を作成する必要があります。申し出れば、公証人が新しい公正証書遺言に「古い公正証書による遺言は撤回し、新しく遺言する」と記載してくれます。

Q142 遺言は認知症になっても作成できますか？

早めに

遺言能力があれば作成できる

認知症だからといって、直ちに遺言が無効になるわけではありません。遺言書は、本人に「遺言能力」（自分の行う遺言の内容をきちんと理解し、判断する能力）があれば、有効とされます。

作成する遺言書は、公正証書遺言がおすすめです。本人が認知症の場合は、公証人から遺言能力があることを証明する書類の提出を求められます。法律的には、「物事を理解する能力を一時的に回復したとき」で、医師2人以上の立会いが必要とされます。

将来の相続人どうしのトラブルを防ぐためにも、客観的な医療記録とともに、公正証書遺言（Q140参照）を作っておくといいでしょう。

Q143 新しく始まった「自筆証書遺言書保管制度」とはなんですか？

死亡前は本人以外の閲覧が不可

民法改正に伴い、2020年7月から新たに**「自筆証書遺言書保管制度」**がスタートしました。これは、法務局の本局や支局、出張所に、自分で作成した自筆証書遺言を保管してもらう制度です。

自筆証書遺言の保管を申請するさいには、法務局の遺言書保管官が、民法の定める自筆証書遺言の形式に適合していることを確認するため、**従来の自筆証書遺言のように書式の不備で遺言が無効になることはありません。**また、費用は申請時の3900円のみで、月々の保管料なども不要です。遺言書は、本人（遺言者）が亡くなるまで、本人以外は閲覧できません。

さらに、**法務局に預けた自筆証書遺言は、家庭裁判所での開封（検認）の必要がないというメリットもあります。**本人が亡くなったのち、相続人のうちの一人が遺言書を閲覧したり、遺言書情報証明書の交付を受けたりした場合には、相続人全員に、遺言書保管所に自筆証書遺言が保管されている通知が届くしくみになっています。

一方、この制度のデメリットは、本人が入院中などの理由で法務局に出向けない場合には、代理人による申請ができないことです。その場合には、公証人に出張してもらって公正証書遺言を作成するか、従来の自筆証書遺言を自分で保管しておくことになります。

新しい保管制度の概要

- **遺言書を保管する場所**
  本人の住所地もしくは本籍地の法務局か、所有する不動産の所在地を管轄する法務局
- **申請できる人**
  自筆証書遺言書を作成した本人のみ
- **申請方法**
  本人が保管機関（法務局）に出頭して行う
- **保管方法**
  原本とともに磁気データに画像処理化して管理
- **閲覧請求できる人**
  死亡した人の相続人、遺言書で受遺者と記載された人、遺言執行者と指定された人
- **費用**
  申請時に 3,900円

早めに

Q144 家族と同居しています。「エンディングノート」は書いておくべきですか？

早めに

介護と医療の希望も書き込もう

「遺言書」が、自分の死後に財産をどのように分割するのかを民法の規定に則って記述した書面であるのに対して、「エンディングノート」は、看取ってくれる人に向けて、主に、自分の終末期や亡くなったあとの希望を書いておくものとされています。

エンディングノートは法的効力を持たないものの、その分、自分の思いを自由に書くことができます。書き込む内容については、以下の3点について押さえておくといいでしょう。

①資産について

自分が亡くなったあとの相続がスムーズにいくように、預貯金や不動産などのプラスの資産（積極財産）を記入しておきます。借入金や借金の保証人などのマイナスの資産（消極財産）がある場合には、これも忘れずに記入しておきましょう。

②遺言書について

相続が開始されると遺族は、相続財産だけでなく、遺言書の調査も行います。遺産分割後に遺言書が見つかった場合、遺産分割協議をやり直さなくてはならないケースもあります。このような事態をさけるためにも、遺言書の有無、そして遺言書がある場合には保管場所を明記しておくことが重要です。

③介護と医療の希望について

突然倒れた場合には、持病やかかりつけ医、服用薬、治療の注意点などの情報があると役立ちます。認知症や寝たきりになったときの介護の希望も書いておきたいものです。また、回復が見込めない場合の余命の告知・延命措置・臓器提供・最期を迎える場所などについての希望があれば、書き込んでおくといいでしょう。

巻末付録として、232ジから「すぐに使えるエンディングノート」を紹介しているので、ぜひ活用してみてください。

Q 145 そもそも「生前贈与」とは何？相続税の節税に役立つのはなぜですか？

早いほど有利

贈与で相続財産を減らしておく

「生前贈与」とは、その名のとおり、生きているうちに資産を贈与することをいいます。これによって、相続時にかかる相続税を節税することができるのです。

被相続人（故人）が遺した資産（遺産）を相続した相続人には、相続税がかかります。しかし、現在の相続税の基礎控除額は「3000万円＋600万円×法定相続人の数」となっています。

したがって、遺産総額が4800万円、相続人が配偶者と子供2人の場合、基礎控除額は「3000万円＋600万円×3人＝4800万円」となり、相続税はかかりません。しかし、それ以上の資産がある場合には、原則として、相続のさいには相続税が発生します（くわしくは第8章参照）。

そのため、自分が生きているうちに、子供や孫などに贈与して資産をできるだけ減らしておくことで、相続税を節約しようと考える人が増えています。

ただし、贈与を受け取った場合には、贈与の額に応じて「贈与税」がかかります。贈与税の税率は相続税よりも高いのですが、ある一定の額までは税金がかからない「控除枠」や、特別に課税されない「非課税枠」を利用して、その範囲内で贈与することで、贈与税を抑えつつ、相続税の節税にもつながるという一石二鳥の効果が得られます。

主な生前贈与の種類

- 暦年贈与→Q146参照
- 相続時精算課税
→Q147参照
- 贈与税の配偶者控除
→Q150参照
- 住宅取得資金の贈与の特例
→Q151参照
- 教育資金の贈与の特例
→Q151参照
- 結婚・子育て資金の一括
贈与の特例→Q151参照
- 生命保険の非課税枠
→Q152参照

Q146 生前贈与を毎年行うと贈与税はいくらかかりますか？無税にできますか？

早いほど有利

年間110万円以下の贈与なら無税

贈与税の課税方法（税金の計算方法）には、**「相続時精算課税制度」**（Q147でくわしく解説）と、**「暦年課税制度」**の2つがあります。ここでは、生前贈与としてよく利用されている**「暦年課税制度の基礎控除枠を使った生前贈与」**について説明しましょう。

贈与税には、財産を受け取った人（受贈者）に対して、その年の1月1日から12月31日までの1年間（暦年）に110万円の基礎控除額が設けられています。つまり、**贈与を受けた額（受贈額）が1年間に110万円以下であれば贈与税はかからず、税務署への申告も必要ありません。**

そのため、毎年、孫や子供に110万円を贈りつづけて資産を減らすことで、相続のさいの課税額を減らす方法がよく知られています。例えば、孫や子供が10人いたとして、それぞれに110万円を10年間贈りつづければ、税金をかけずに合計1億1000万円を贈与することができることになります。

ただし、**税務署に、最初から1人当たり1100万円を贈るつもりの「定期贈与」だったと見なされると、贈与額に対して一括で莫大な贈与税がかかってきてしまいます。**

そこで、定期贈与と見なされないように、贈与のしかたにも工夫が必要です。例えば、前年が3月に109万円を贈ったのであれば、今年は8月に107万円を贈るなど、毎年、異なった時期に異なった金額を贈与するといいとされています。あえて基礎控除額の110万円の範囲内ではなく、111万円などを贈与し、少額の贈与税を納税する方法もあります。

このほか、贈与が行われたことを証明する「贈与契約書」を作るなど、書類を残しておくことも有効とされます。生前贈与を行うさいの注意点については、Q148を参照してください。

贈与税（暦年課税）の速算表

基礎控除後の課税価格 （贈与額－110万円）	特例税率		一般税率	
	税率	控除額	税率	控除額
～200万円以下	10%	－	10%	－
200万円超～300万円以下	15%	10万円	15%	10万円
300万円超～400万円以下			20%	25万円
400万円超～600万円以下	20%	30万円	30%	65万円
600万円超～1,000万円以下	30%	90万円	40%	125万円
1,000万円超～1,500万円以下	40%	190万円	45%	175万円
1,500万円超～3,000万円以下	45%	265万円	50%	250万円
3,000万円超～4,500万円以下	50%	415万円	55%	400万円
4,500万円超～	55%	640万円		

■暦年課税の贈与税の計算方法

基礎控除後の課税価格 × 税率（特例税率または一般税率）－ 控除額 ＝ 贈与税額

（計算例）1,000万円の贈与を受けたときの贈与税額

- 特例税率……（1,000万円－110万円）× 30%－90万円＝**177万円**
- 一般税率……（1,000万円－110万円）× 40%－125万円＝**231万円**

110万円超でも税率は軽減できる

受け取った贈与額が110万円を超えた場合には、110万円の基礎控除額を差し引いたうえで、贈与税の税率に従って計算します（上の表参照）。

贈与税の税率には「特例税率」と「一般税率」の2種類があります。

両親や祖父母（直系尊属）から、贈与する年の1月1日時点で18歳以上（2022年3月までは20歳以上）の子供や孫へ贈与する場合は、「特例贈与財産」とされ、基礎控除額である110万円を超える額に対して、特例税率を用いて贈与税を計算します。

特例贈与財産に当てはまらないものが「一般贈与財産」です。**兄弟間や夫婦間の贈与、親から子供への贈与であっても子供が未成年の場合の贈与は一般贈与財産となり、一般税率を用いて計算します。**

同じ金額を贈与した場合でも、特例贈与財産と一般贈与財産とでは、贈与税の額が大きく異なります。子供に贈与を行う場合には、成人するまで待つなど、贈与するタイミングをよく検討してください。

Q147 贈与額2500万円まで無税になるしくみがあるというのは本当ですか？

早めに

贈与税は無税にできるが…

贈与額2500万円までの贈与税がかからないしくみを「相続時精算課税制度」といいます。これは、贈与のさいには贈与税が非課税になるものの、贈与者が亡くなって財産を相続するタイミングで、それまで贈与されてきた財産と相続の対象となる財産を合算して税額を算出し、相続税として一括で納税する制度です。

対象となるのは、60歳以上の父母または祖父母（贈与者）から18歳以上の子供や孫（2022年3月31日までは、20歳以上の子供や孫）へ生前贈与を行うケースです。贈与を受けた受贈者は、「暦年課税制度」か、「相続時精算課税制度」のいずれかを選択できます。

非課税となるのは、2500万円までの贈与です。同一の父母または祖父母から、2500万円の限度額に達するまで何回でも利用できるため、贈与税を払わずに贈与を受けることができます。贈与額が2500万円を超えた場合には、超えた額に対して一律20％の贈与税がかかります。

この制度を選択する場合には、贈与を受けた年の翌年の2月1日から3月15日までの期間に所轄の税務署に制度利用の届出書を提出する必要があります。

子供や孫が複数いる場合でも、それぞれの受贈者の意思で暦年課税制度と相続時精算課税制度のどちらを利用するかを自由に選択することができます。さらに、例えば、祖父からの贈与については相続時精算課税制度を選択し、母からの贈与には従来の暦年課税制度を適用するなど、贈与者ごとに課税制度の選び分けをすることもできます。

通常の暦年課税制度と併用することはできません。また、いったん相続時精算課税制度を選択すると、その選択をした年以降、その贈与者からの贈与のすべてにこの制度が適用され、暦年課税制度に戻すこともできないので注意が必要です。

相続時精算課税とは

対象になる人	■贈与者 60歳以上の父母または祖父母 ■受贈者 18歳以上の子供や孫 (2022年3月31日までは20歳以上の子供や孫)	
非課税枠	累計で2,500万円まで	
適用となる財産	贈与財産の種類、金額、贈与回数の制限はない	
利用の手続き	❶制度を利用する場合には、受贈者は最初の贈与を受けた年の翌年の2月1日から3月15日までの期間に所轄の税務署に贈与税の申告書を提出する必要がある ❷届出書の提出後は、相続時までこの制度が継続され、取りやめることはできない ❸受贈者それぞれが、贈与者である父母、祖父母ごとに制度を利用するかどうかを選択できる	
税額の計算	贈与時	贈与財産の合計額のうち、2,500万円を超える部分について、一律20%の贈与税がかかる
	相続時	贈与財産と相続財産を合算して相続税額が算出される(贈与時に支払った贈与税額は控除される)

資産が多いと不利になりやすい

相続時精算課税制度は贈与税が非課税になるだけであって、のちに相続税に合算して計算されるため、必ずしも相続税が節税できるわけではありません。

一般に、資産が多い場合、暦年課税制度の基礎控除額(110万円)が使えない分、不利になるとされます(2024年1月から相続時精算課税制度に年間110万円の基礎控除が新設)。例えば、1億円の資産のある父が、子供2人に2500万円ずつ相続時精算課税制度で贈与した場合、贈与時は非課税でも、相続時には贈与分も含めて1億円として計算されるからです。

ただし、**贈与者の財産が相続税の基礎控除額内であれば、この制度を有利に使うこともできます。**

例えば、父の資産が3500万円であり、このうち、子供に1000万円を贈与したとします。そのさいに相続時精算課税制度を利用すれば、贈与時に贈与税がかかりません。その後、父親が亡くなって、贈与額が相続財産と合算されても、基礎控除額の範囲内なので相続税もかからないことになります。

Q148 生前贈与を行うさいの注意点はありますか？

早めに

定期贈与と見なされないこと！

基本的には、毎年贈与を行っても、110万円以下であれば、贈与税はかかりません（Q146参照）。ところが、**例えば、毎年100万円ずつ10年間にわたって贈与をする約束がある場合には「定期贈与」と見なされ、贈与税がかかります。**毎年の贈与をする時期をずらし、金額も110万円ぴったりにならないようにするのがいい、とされています。

また、親や祖父母（贈与者）が子供や孫（受贈者）の名義で預金口座を作り、毎年、110万円の範囲内で贈与を行った場合も、名義預金と見なされて税金がかかることがあります。受贈者自身が預金口座を作り、自分で口座を管理して、いつでも自由に使えるようにしておくことが大切です。

いずれの場合も、**贈与者と受贈者の両方の署名捺印がある「贈与契約書」を作成し、贈与の証拠を残しておくことが肝心です。**

また、**贈与者が死亡した場合、死亡前3年以内の贈与額については、「生前贈与加算」として、相続財産に含めて、相続税が算出されます**（相続人以外への贈与は生前贈与加算の対象外）。病気で余命宣告を受けてから、あわてて生前贈与を行っても認められないことがあるので、十分に注意してください。

生前贈与の注意点

■ **定期贈与**と見なされないために
- 贈与の時期を変える
- 贈与の金額を変える
- 贈与ごとに贈与契約書を作る

■ **名義預金**と見なされないために
- 贈与者と受贈者の銀行の印鑑は別のものを用いる
- 届出印、通帳、キャッシュカードは名義人（受贈者）が管理する
- 名義人（受贈者）が自由に預金を使えるようにしておく。少し使っておくのもいい

Q149 贈与税の申告はどう行いますか？

早めに申告

ホームページからも申告できる

暦年（その年の1月1日～12月31日）の間に受け取った財産の金額が**110万円を超える人**（Q146参照）や、父母や祖父母から財産を受け取り、**「相続時精算課税制度」の適用を受ける人**（Q147参照）は、贈与税の申告が必要です。

最近では、贈与税の非課税制度を利用して、贈与を受ける人が増えてきました。こうした制度を利用する人の中には「非課税の範囲内だから申告は不要」と思っている人もいますが、実際には申告が必要なものもあります。

申告が必要な贈与税の非課税制度には、「配偶者への居住用不動産の贈与の特例」（Q150参照）と**「住宅取得等資金の贈与の非課税制度」**（Q151参照）**があります。**一方、申告が不要の非課税制度には「教育資金の一括贈与を受けた場合の贈与税の非課税制度」「結婚・子育て資金の一括贈与を受けた場合の贈与税の非課税制度」（いずれもQ151参照）があります。

贈与税の申告書は税務署や、国税庁のホームページで入手できます。また、国税庁のホームページには申告書の作成コーナーがあり、画面の案内に従って贈与額などを記入することで、贈与税額が自動計算された申告書を作ることができます。

作成した申告書は、税務署に提出しますが、郵便や信書便による送付もできます。作成コーナーで作った申告書はe-Tax（電子申告）で送信できるので、手間を大幅に省くことが可能です。

相続税の納付については、現金に納付書を添えて税務署や金融機関に提出します。クレジットカードなどによる電子納付も行うことができます。

贈与税の申告・納付の期限は、贈与を受けた年の翌年2月1日から3月15日までです。納税が遅れると、延滞税が課されるので注意してください。

Q150 妻に自宅を贈与したい。自宅がいくらまでなら贈与税は非課税になりますか？

早めに

２１１０万円まで控除が受けられる

婚姻期間が20年以上の夫婦であれば、居住用不動産または居住用不動産を取得するための金銭を贈与しても、２０００万円までは控除（配偶者控除）できるという特例があります。これを「配偶者への居住用不動産の贈与の特例」といい、通称「おしどり贈与」とも呼ばれます。この控除枠に贈与の基礎控除額１１０万円が加わるため、実質、最大２１１０万円までであれば、贈与税の負担なしで贈与できることになります。

この特例を受けるには、20年以上の婚姻期間のほかに、贈与された年の翌年の3月15日までに、贈与された不動産または贈与されたお金で取得した不動産に居住していることが条件です。また、その後も引き続き居住する見込みであるなどの要件があります。

この制度を利用するには、所轄の税務署に贈与の申告書を提出する必要があります。

通常、贈与が行われた日から3年以内に相続が発生した場合には、贈与額を加算して相続税を算出します。しかし、この特例では、相続発生から3年以内の贈与でも、相続税に加算されることはありません。自分が亡くなったあと、遺産分割で配偶者が住む家を売り払われるなどの事態を防ぐこともできます。

ただし、この特例を利用する場合は慎重に行ってください。というのも、居住用不動産の贈与には、贈与税とは別の税金がかかってくるからです。

不動産を贈与した場合、法務局に名義変更の手続きをするさいは「登録免許税」が必要です。この登録免許税は、不動産の固定資産税評価額の２％となっています。また、不動産を取得することで固定資産税評価額の３％の「不動産取得税」もかかります。

つまり、評価額が２０００万円の不動産を贈与した場合には、登録免許税40万円＋不動産取得税60万円の合計１００万円の税金がかかることになるのです。

配偶者は生前贈与より相続のほうが有利なことがある

【生前贈与】配偶者への居住用不動産の贈与の特例

2,000万円まで
贈与税が非課税
●不動産取得税 3%
●登録免許税 2%

【相続】配偶者への相続税額の軽減、小規模宅地等の特例

1億6,000万円まで
相続税が非課税
●不動産取得税
非課税
●登録免許税
0.4%
自宅の評価額を 80%減らせる

さらに、不動産登記を司法書士に依頼したり、贈与税の申告を税理士に依頼したりすると、それぞれ手数料がかかります。

配偶者には相続時にも税優遇あり

その一方で、配偶者には、相続のさいにも特例が用意されています。例えば、**「配偶者への相続税額の軽減」は、配偶者が取得した財産が1億6000万円までか、配偶者の法定相続分に相当する金額の場合には、非課税となる制度です。**

また、**「小規模宅地等の特例」では、被相続人（故人）と生計を一にしていた人がその宅地を相続した場合、土地の評価額を80％に減らすことができます。**

さらに、注目すべきは、相続で得た土地・建物の場合には、登録免許税はわずか0・4％となり、不動産取得税にいたっては非課税になるということです。つまり、贈与税の配偶者控除を使って生前贈与をするよりも、相続時の特例を使ったほうが有利なケースが多いのです。

どの制度を利用するか、十分に検討してください。

Q151 子供や孫へ住宅資金・教育資金・結婚資金を贈与すると非課税になりますか？

早めに

贈与税がかからなくなる3つの制度

父母や祖父母などの直系尊属から、子供や孫への直系卑属への贈与について、一定の限度額までは贈与税が非課税になる3つの制度があります。

1つめが、**「住宅取得等資金の贈与の非課税制度」**です。子供や孫が自分の居住用住宅の新築または取得、増改築のための資金を、父母や祖父母から贈与されたさいに適用されます。断熱性能や耐震等級、バリアフリー性などの「省エネ等基準」を満たしている場合には、最大1500万円の贈与が非課税になります。

特例の期限は2021年12月末でしたが、2023年12月末までに延長されました。さらに、2024年の税制改正で3年間延長され、2026年12月末まで利用できることになっています。ただし、贈与を受けた年の翌年3月15日までに居住することが原則です。

2つめは、祖父母などからの**「教育資金の一括贈与を受けた場合の贈与税の非課税制度」**です。30歳未満の子供や孫が教育資金の贈与を受けた場合が対象で、最大1500万円が非課税になります。

入学金、授業料など学校へ支払う費用のほか、塾や習い事、スポーツ文化活動など、学校以外に支払う費用も対象になります。

3つめは、父母や祖父母からの**「結婚・子育て資金の一括贈与を受けた場合の贈与税の非課税制度」**。20歳以上50歳未満の子供や孫が、結婚式の費用、引っ越し費用、新居の賃料、出産費用、子供の病院費用、保育料などの結婚・子育て資金の贈与を受けた場合が対象です。最大1000万円が非課税になります。

教育資金と、結婚・子育て資金の非課税枠を利用するには、信託銀行などに口座を開設し、信託を利用して贈与する必要があります。また、規定の年齢に達したあとに、口座に使い残しがあると、贈与と見なされ、贈与税がかかる点も注意が必要です。

住宅資金・教育資金・結婚資金の非課税制度

	住宅取得等資金の贈与	教育資金の一括贈与	結婚・子育て資金の一括贈与
贈与者	受贈者の直系尊属（父母、祖父母）		
受贈者	20歳以上の直系卑属（子供、孫）	30歳未満の直系卑属（子供、孫）	20歳以上50歳未満の直系卑属（子供、孫）
非課税枠	受贈者1人当たり最大1,500万円	受贈者1人当たり最大1,500万円	受贈者1人当たり最大1,000万円
対象となる資金	自分の居住用住宅の新築または取得、増改築の資金の贈与が対象	入学金、授業料など学校へ支払う費用のほか、塾や習い事、スポーツ文化活動など、学校以外に支払う費用も対象	結婚式の費用、引っ越し費用、新居の賃料、出産費用、子供の病院費用、保育料など、結婚・子育て資金の贈与が対象
主な要件・注意点	●家屋の登記簿上の床面積（マンションなどの場合は専有部分の床面積）が40平方メートル以上240平方メートル以下で、床面積の2分の1以上が受贈者の居住用 ●原則として、翌年3月15日までに住宅取得等資金の全額を充てて住宅用の家屋を新築し、居住すること（コロナ感染症の影響などがあれば、取得・入居期限が1年延長される）	●信託銀行などに口座を開設し、信託を利用して贈与する ●受贈者の前年の所得が1,000万円を超えないこと ●贈与者が死亡したときに使い残しがあれば、管理残額に対して所定の相続税がかかる。孫にかかる相続税は、2割加算で計算する（23歳未満や在学している場合は除く）	
		●原則として30歳の誕生日時点で口座に残っている額があると、贈与と見なされ、贈与税が課税される	●原則として50歳の誕生日時点で口座に残っている額があると、贈与と見なされ、贈与税が課税される
期限	2026年12月末まで	2026年3月末まで	2025年3月末まで
申告	贈与申告書を所轄税務署に提出	資金の管理契約をしている金融機関を通じて非課税申告書を税務署に提出	

Q152 「生命保険」は相続税の節税に役立つと聞きました。なぜですか？

早めに

保険金の多くが非課税となる

生命保険の保険金（死亡保険金）には、遺族の生活を保障する役割があります。そのため、受取人が法定相続人の場合は、**死亡保険金のうち「500万円×法定相続人の数」までの非課税枠が設定されている**のです。例えば、法定相続人が配偶者と子供1人であれば、死亡保険金を相続する場合には、1000万円までが非課税になります。

預貯金の場合、凍結された被相続人（故人）の口座は、相続人が単独で引き出すことができなくなります。2019年からは「遺産分割前の相続預金の払戻制度」（Q28参照）が導入され、分割前の預貯金の一部払戻しが認められるようになりましたが、必要書類が多く、実際に引き出せるまでには時間がかかることも少なくありません。

ところが、**生命保険であれば、死亡保険金の受取人として指定されている人が単独で保険会社に請求でき、通常5営業日程度で保険金が振り込まれます。**

死亡保険金に課税される税金は、生命保険の契約者、被保険者、受取人によって異なってきます。**契約者と被保険者が同一のときは、死亡保険金には「相続税」がかかります。契約者が受取人のときは「所得税」となり、契約者、被保険者、受取人がすべて異なるときは「贈与税」がかかります**（左ページの表参照）。

保険にはさまざまな種類がありますが、一般に相続税の対策として有効とされるのは、死亡した場合に死亡保険金が受け取れるタイプのものです。

死亡保険金が受け取れる保険としては「終身保険」や「定期保険」が知られていますが、一生涯の保障がついた終身保険がおすすめです。ただし、終身保険とはいえ「定期特約付き終身保険」は、65歳などの一定期間が過ぎてから死亡すると、支払われる保険金が大幅に減額されるので注意が必要です。

死亡保険金にかかる税金の種類

●生命保険控除の計算式

「生命保険控除」＝法定相続人の数×500万円

●契約者・被保険者・受取人によって税金の種類が変わる

契約者（保険料を払った人）	被保険者（保険の対象者）	受取人（保険金をもらう人）	課税方法
 夫	 夫	 妻または子供	**相続税** 契約者＝被保険者のとき（自分自身に保険をかけていた場合）は相続税となる
 夫	 妻	 夫	**所得税** 契約者と被保険者が異なる場合は契約者の一時所得として課税される
 夫	 妻	 子供	**贈与税** 契約者、被保険者、受取人がそれぞれ異なる場合は贈与税が課される

主な生命保険の種類

保険の種類	死亡保障の内容	保険の概要
終身保険	死亡保障は一生涯	死亡保障は一生涯続き、被保険者の死亡時に死亡保険金を受け取ることができる。保険料は割高。
定期保険	死亡保障は一定期間	一定期間（60歳まで、30年間など）だけ保障される。期間を延長することもできるが、延長後の保険料は割高となる。
定期特約付き終身保険	一定期間の死亡保障は手厚いが、期間が過ぎると大幅に減額される	終身保険に定期保険を特約としてつけた保険。60歳または65歳などの一定期間が過ぎてから死亡した場合、支払われる保険金が大幅に安くなる。

1. 私の歩いてきた道

私の写真

最もお気に入りの写真を貼りましょう

名前　（旧姓　　　）

名前の由来

誕生日　年　月　日生

本籍　都道府県

干支　年

星座　座

血液型　型

資格・免許

	年　　月 取得
	年　　月 取得
	年　　月 取得

入会しているクラブや団体

名称	連絡先
名称	連絡先

私の両親・兄弟

父の名前	誕生日　年　月　日
母の名前	誕生日　年　月　日
兄弟の名前	誕生日　年　月　日
兄弟の名前	誕生日　年　月　日
兄弟の名前	誕生日　年　月　日

配偶者・両親・兄弟・子供・孫への思い

2. 私が急に倒れたときには…

私のカルテ

病名	薬名	治療の注意点
かかりつけの病医院 ☎　（　　）		
病名	薬名	治療の注意点
かかりつけの病医院 ☎　（　　）		
病名	薬名	治療の注意点
かかりつけの病医院 ☎　（　　）		

介護について（私が認知症や寝たきりになったとき）

◉介護してほしい人は？　※希望する項目に✓を！

□配偶者　□子供（　　　　）　□プロのヘルパー

□介護サービスと家族の介護　□家族に任せる

◉介護してほしい場所は？

□自宅　□子供（　　　　）の家　□病院や施設

□家族に任せる

◉介護にかかる費用の支払いは？

□私の預貯金・年金・保険など

□子供（　　　）の援助と私の年金　□家族に任せる

備考

病名と余命の告知について

※希望する項目に✓を！

□病名を告知してほしい　□余命を告知してほしい

□病名も余命も告知しないでほしい　□家族に任せる

備考

▶私の体についての覚書（万一のときのために）◀

健康保険証の記号・番号	
介護保険証の番号	
血液型	
アレルギー	
保険証などの保管場所	

延命治療・臓器提供などについて

※希望する項目に✓を！

◉延命治療は希望する？

□希望する　□回復の可能性があれば続けてほしい

□希望しない　□家族に任せる

◉最期を迎えたい場所は？

□自宅　□病院　□その他（　　　　）

□家族に任せる

◉尊厳死は希望する？

□希望する　□希望しない　□家族に任せる

◉臓器提供は希望する？

□希望する　□希望しない　□家族に任せる

◉献体をする意思は？

□ある　□ない　□家族に任せる

備考

遺言について

※該当する項目に✓を！

□遺言書はある（種類：　　　遺言、作成日：　年　月　日） □遺言書はない	
公証役場名	☎　（　　）
保管場所	

3. 私の資産について

預貯金

金融機関・支店名	種類・口座番号	名義
支店		
支店		
支店		

株式・会員権など

株式	証券会社・支店名	銘柄・株数	名義
	支店		
	支店		

会員権など	名称	内容	連絡先

クレジットカード

カード名	カード番号	契約会社	有効期限
			年　月
			年　月
			年　月

貸金庫

金融機関・支店名	保管物
支店	

生命保険・損害保険・個人年金

保険会社・保険名				証券番号			
契約者		被保険者・受取人		保険期間	年	保険金額	万円
保険会社・保険名				証券番号			
契約者		被保険者・受取人		保険期間	年	保険金額	万円
保険会社・保険名				証券番号			
契約者		被保険者・受取人		保険期間	年	保険金額	万円

公的年金

種類	基礎年金番号	受取り口座

自宅などの不動産 （土地・建物・田畑など）

不動産の種類	所在地／所有者・名義人	面積・価格・抵当権の有無
		㎡　万円
		抵当権 □あり　□なし
		㎡　万円
		抵当権 □あり　□なし

▶住まいについての覚書◀ 鍵の保管場所：

	会社名	電話番号	支払方法	引落し口座	支払日
電気			支払い・引落し		
ガス			支払い・引落し		
水道			支払い・引落し		
固定電話			支払い・引落し		
携帯電話			支払い・引落し		
インターネット			支払い・引落し		
NHK			支払い・引落し		
衛星放送			支払い・引落し		

貸付金

貸付先・貸付日	連絡先・金額	返済日・返済方法、証書の有無
		年　月　日
年　月　日	円	証書 □あり　□なし
		年　月　日
年　月　日	円	証書 □あり　□なし

借入金・ローン

借入先・借入日	連絡先・金額	返済日・返済方法、担保の有無
		年　月　日
年　月　日	円	担保 □あり　□なし
		年　月　日
年　月　日	円	担保 □あり　□なし

解説者紹介

掲載順

山本宏税理士事務所所長
税理士

山本《やまもと》 宏《ひろし》

山本宏税理士事務所所長（税理士）、CFP（最高ランクのファイナンシャルプランナー）。中小企業オーナー、個人資産家に対する事業承継および相続対策を得意業務とするほか、CFPとして専門の金融知識を生かした資産運用相談・不動産有効活用・財産管理などの業務も幅広く行っている。特に、常にカスタマー目線で行う税務サービスなどの提供に定評がある。著書に『マンガでわかる！もめない相続・かしこい贈与』（わかさ出版）などがあり、テレビ・新聞・雑誌のコメントや執筆でも活躍中。

山本文枝税理士事務所所長
税理士

山本《やまもと》文枝《ふみえ》

山本文枝税理士事務所所長（税理士）、AFP（アフィリエイテッド・ファイナンシャルプランナー）。法人・個人の顧問業務、相続業務等すべての分野で顧客第一主義に基づき、真摯に相談に応じ顧客のニーズに応えることをモットーとしている。多くの相続業務の経験を生かした生前対策の提案や、AFPとして培ってきた専門的な金融知識を生かし、顧客の資産運用相談などを積極的に行うことで定評がある。また、地域の小中学校で租税教育活動などの社会貢献活動にも長期的に携わり、専門雑誌の監修協力も行っている。

東池袋法律事務所
弁護士

根《ね》本《もと》達《たつ》矢《や》

東池袋法律事務所（弁護士）、可茂成年後見センター理事。2015 年弁護士登録、東京弁護士会会員。学生時代に学んだ現代日本の抱える「司法過疎」という問題の解消に寄与したいという願いから、国が設立した法的支援機関「法テラス」の組織内弁護士として活動を始める。岐阜県の法テラス可児法律事務所代表を経て、2020 年 2 月より東池袋法律事務所に入所。依頼者の真の「困りごと」に寄り添い、それをほぐしていく、社会インフラとしての弁護士を心がけている。著書は『遺産分割実務マニュアル』（共著・ぎょうせい）。

ことぶき法律事務所
弁護士

佐《さ》藤《とう》省《しよう》吾《ご》

ことぶき法律事務所所属（弁護士）、第二東京弁護士会登録。中央大学法学部法律学科卒、慶応義塾大学法科大学院修了。

第二東京弁護士会「高齢者・障がい者総合支援センター；ゆとりーな」相談担当、法テラス東京相談担当などで遺産相続、遺言、成年後見制度等の法律相談を担当するほか、成年後見人等としても活動。そのほか、第二東京弁護士会子どもの権利に関する委員会委員として活躍。著書は『どう使う どう活かす いじめ防止対策推進法』（共著・第二東京弁護士会子どもの権利に関する委員会編）など多数。

社会保険労務士法人東海林・旭事務所会長
特定社会保険労務士

東海林《しようじ》正昭《まさあき》

社会保険労務士法人東海林・旭事務所会長（特定社会保険労務士）、年金ライフ社チーフコンサルタント、年金問題研究会主任研究員、商工会議所年金教育センター登録講師、日本年金学会会員。年金など社会保障関連について読売新聞、日本経済新聞に連載のほか、多くの雑誌に執筆。著書『再雇用・再就職と在職老齢年金』（ビスタ）、『女性の年金　得するもらい方・増やし方』（共著・ＰＨＰ研究所）、『年金実践事務手引』（共著・日本法令）など。さらに新聞・テレビ・雑誌のコメント、金融機関などでの年金相談、講師を行っている。

身近な人の
死後の手続き
相続のプロが教える
最善の進め方Q＆A大全

2021年9月15日　第1刷発行
2024年4月5日　第19刷発行

編集人　小俣孝一
シリーズ企画　飯塚晃敏
編集　わかさ出版
編集協力　菅井之生
香川みゆき
早草れい子
中平都紀子
装丁　下村成子
DTP　菅井編集事務所
イラスト　前田達彦
発行人　山本周嗣
発行所　株式会社文響社
〒105-0001　東京都港区虎ノ門2丁目2－5
共同通信会館9階
ホームページ　https://bunkyosha.com
お問い合わせ　info@bunkyosha.com
印刷・製本　中央精版印刷株式会社

ISBN 978-4-86651-417-8

「死後の手続き」は、みなさんがお住まいの地域によって一部詳細が異なる場合があります。届け出先の役所、金融機関、家庭裁判所などに必要書類や必要事項を事前に確認したうえで、手続きをお進めください。本書の内容は発売日時点の情報に基づいています。法律、税金、年金などの個別のご相談には応じられません。マンガや書式例の記載内容は実在する人物、住所などとは関係ありません。